いちばんやさしい Google《グーグル》 Classroom《クラスルーム》の教本

人気教師が教える
生徒とつながる
デジタル学級づくり

インプレス

著者プロフィール

古川俊（ふるかわすぐる）

横浜市立公立小学校講師、大学非常勤講師。埼玉大学教育学部卒業後、日本教育大学院大学学校教育研究科を修了。中高数学教諭を4年間、小学校教諭を5年間勤める。2019年Google認定イノベーターを取得し、経産省実証事業で17自治体とGoogle Workspaceを活用したオンライン学習での出席・学習評価モデルづくりのためのシステム設計を行う。現在はGoogle認定トレーナー及びコーチの資格を取得し、多数の地域や学校でGoogle Workspaceの研修やコーチングを行う。

はじめに

PISA2018のICT活用調査によると、「日本は学校の授業（国語、数学、理科）におけるデジタル機器の利用時間が短く、OECD加盟国中最下位」であり、「コンピュータを使って宿題をする頻度がOECD加盟国中最下位」であることが明らかになっています。その後、2019年に文部科学省がGIGAスクール構想を発表し、パンデミックの影響も追い風となり、一人一台端末と校内ネットワークの環境が整いました。

さて、学校現場では、授業におけるデジタル機器の利用時間が増え、宿題等で有効に活用できているのでしょうか。文部科学省が実施した、令和4年度全国学力・学習状況調査結果では、小学校で一人1台端末を「ほぼ毎日」活用している学校は最も多い地域で78.3%、最も低い地域で22.7%と、地域や学校によって一人1台端末の活用状況に大きな差があることが明らかになりました。

この地域差は決して教員や学校の怠慢によるものではありません。使いたいけれど環境が整っていなかったり、ICTをどのように活用したら良いのか分からなかったり、それぞれの環境で様々な悩みを抱えています。

そんな先生の少しでも助けになればと想いこの本を出版しました。

私はGoogle Classroom を活用するようになって、授業の準備にかける作業時間が50%減少し、採点や成績処理にかける時間が60%削減されました。その分、教材研究の時間を確保でき、生徒や先生と対話する時間を生み出すことができました。

そのような体験からもっとGoogle Classroomを活用して欲しい、先生の本来の（先生にしかできないICTで代替することが不可能な）仕事を行う時間を十分に確保できるようになって欲しいと強く願っています。

本書はそんな願いを込めて制作しました。これからGoogle Classroom を初めて利用する先生でも分かりやすいように基本から説明し、つまづきやすいポイントを記載するようにしました。教師のアカウントでは閲覧することが難しい生徒画面についても確認できるように構成され、タイトル通り「いちばんやさしいGoogle Classroomの教本」になったと自負しています。

2023年2月　古川俊

「いちばんやさしいGoogle Classroomの教本」の読み方

「いちばんやさしいGoogle Classroomの教本」は、はじめての人でも迷わないように、わかりやすい説明と大きな画面でアプリの使い方や実践事例をご紹介しています。

「何のためにやるのか」がわかる！

薄く色の付いたページでは、Google Classroomのサービスを使って、授業・校務などにどう活かせるのかを図解を用いて解説しています。「何のためにこのアプリを使うのか」「どう使ったら効果的なのか」といった疑問にお答えします。

タイトル
レッスンの目的をわかりやすくまとめています。

レッスンのポイント
このレッスンを読むとどうなるのか、何に役立つのかを解説しています。

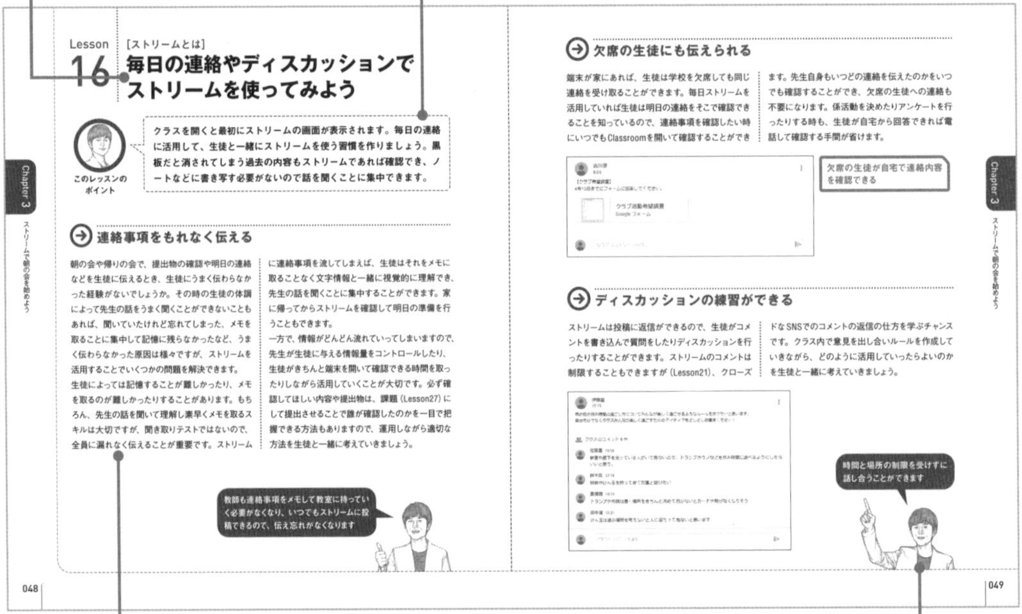

Lesson 16 [ストリームとは]

毎日の連絡やディスカッションでストリームを使ってみよう

このレッスンのポイント

クラスを開くと最初にストリームの画面が表示されます。毎日の連絡に活用して、生徒と一緒にストリームを使う習慣を作りましょう。黒板だと消されてしまう過去の内容もストリームであれば確認でき、ノートなどに書き写す必要がないので話を聞くことに集中できます。

連絡事項をもれなく伝える

朝の会や帰りの会で、提出物の確認や明日の連絡などを生徒に伝えるとき、生徒にうまく伝わらなかった経験がないでしょうか。その時の生徒の体調によって先生の話をうまく聞くことができないこともあれば、聞いていたけれど忘れてしまった、メモを取ることに集中して記憶に残らなかったなど、うまく伝わらなかった原因は様々ですが、ストリームを活用することでいくつかの問題を解決できます。
生徒によっては記憶することが難しかったり、メモを取るのが難しかったりすることがあります。もちろん、先生の話を聞いて理解し素早くメモを取るスキルは大切ですが、聞き取りテストではないので、全員に漏れなく伝えることが重要です。ストリームに連絡事項を流してしまえば、生徒はそれをメモに取ることなく文字情報と一緒に視覚的に理解でき、先生の話を聞くことに集中することができます。家に帰ってからストリームを確認して明日の準備を行うこともできます。
一方で、情報がどんどん流れていってしまいますので、先生が生徒に与える情報量をコントロールしたり、生徒がきちんと端末を開いて確認できる時間を取ったりしながら活用していくことが大切です。必ず確認してほしい内容や提出物は、課題（Lesson27）にして提出させることで誰が確認したのかを一目で把握できる方法もありますので、運用しながら適切な方法を生徒と一緒に考えていきましょう。

教師も連絡事項をメモして教室に持っていく必要がなくなり、いつでもストリームに投稿できるので、伝え忘れがなくなります

Chapter 3 ストリームで朝の会を始めよう

048

欠席の生徒にも伝えられる

端末が家にあれば、生徒は学校を欠席しても同じ連絡を受け取ることができます。毎日ストリームを活用していれば生徒は明日の連絡をそこで確認できることを知っているので、連絡事項を確認したい時にいつでもClassroomを開いて確認することができます。先生自身もいつどの連絡を伝えたのかをいつでも確認することができ、欠席の生徒への連絡も不要になります。係活動を決めたりアンケートを行ったりする時も、生徒が自宅から回答できれば電話して確認する手間が省けます。

欠席の生徒が自宅で連絡内容を確認できる

ディスカッションの練習ができる

ストリームは投稿に返信ができるので、生徒がコメントを書き込んで質問をしたりディスカッションを行ったりすることができます。ストリームのコメントは制限することもできますが（Lesson21）、クローズドなSNSでのコメントの返信の仕方を学ぶチャンスです。クラス内で意見を出し合いルールを作成していきながら、どのように活用していったらよいのかを生徒と一緒に考えていきましょう。

時間と場所の制限を受けずに話し合うことができます

Chapter 3 ストリームで朝の会を始めよう

049

解説
学校でGoogle Classroomを活用する際の大事な考え方を画面や図解を交えて丁寧に解説しています。

著者によるポイント
特に重要なポイントでは、著者が登場して確認・念押しします。

「どうやってやるのか」がわかる！

操作手順は、大きな画面で1つ1つのステップを丁寧に解説しています。途中で迷いそうなところは、Pointで補足説明があるのでつまずきません。

手順
番号順に操作をしていきます。画面のどこを操作するのかも、赤く囲んで指しています。

Point
その作業を行う際の注意点や補足説明です。

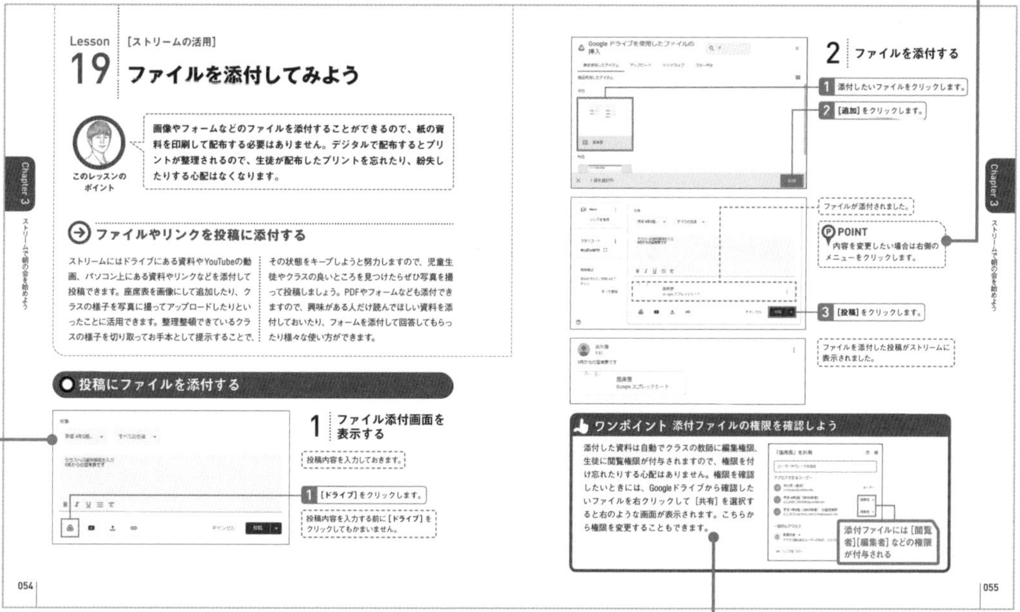

Lesson 19 [ストリームの活用]
ファイルを添付してみよう

このレッスンのポイント
画像やフォームなどのファイルを添付することができるので、紙の資料を印刷して配布する必要はありません。デジタルで配布するとプリントが整理されるので、生徒が配布したプリントを忘れたり、紛失したりする心配はなくなります。

ファイルやリンクを投稿に添付する
ストリームにはドライブにある資料やYouTubeの動画、パソコン上にある資料やリンクなどを添付して投稿できます。座席表を画像にして追加したり、クラスの様子を写真に撮ってアップロードしたりといったことに活用できます。整理整頓できているクラスの様子を切り取ってお手本として提示することで、その状態をキープしようと努力しますので、児童生徒やクラスの良いところを見つけたらぜひ写真を撮って投稿しましょう。PDFやフォームなども添付できますので、興味がある人だけ読んでほしい資料を添付しておいたり、フォームを添付して回答してもらったり様々な使い方ができます。

投稿にファイルを添付する

1 ファイル添付画面を表示する
投稿内容を入力しておきます。
1 [ドライブ]をクリックします。
投稿内容を入力する前に[ドライブ]をクリックしてもかまいません。

2 ファイルを添付する
1 添付したいファイルをクリックします。
2 [追加]をクリックします。
ファイルが添付されました。
POINT 内容を変更したい場合は右側のメニューをクリックします。
3 [投稿]をクリックします。
ファイルを添付した投稿がストリームに表示されました。

ワンポイント 添付ファイルの権限を確認しよう
添付した資料は自動でクラスの教師に編集権限、生徒に閲覧権限が付与されますので、権限を付け忘れたりする心配はありません。権限を確認したいときには、Googleドライブから確認したいファイルを右クリックして[共有]を選択すると右のような画面が表示されます。こちらから権限を変更することもできます。
添付ファイルには[閲覧者][編集者]などの権限が付与される

Chapter 3 ストリームで朝の会を始めよう

054 055

ワンポイント
レッスンに関連する知識や知っておくと役立つ知識を、コラムで解説しています。

マウス、タッチパッドの操作表記について
本書では、学校組織によって導入端末に違いがあることから、マウスやタッチパッドの操作方法の説明時には、最も一般的な「クリック」「右クリック」という表現で統一しています。Chromebookであれば「クリック」はタッチパッドの下半分をタップするのと同じ、「右クリック」はタッチパッドを2本指でタップするのと同じ意味になります。

いちばんやさしい
Google Classroom
の教本 人気教師が教える 生徒とつながる デジタル学級づくり

Contents
目次

Chapter 4 時間をかけずに授業の準備をしよう

Chapter 5 インタラクティブな授業を実践しよう page 087

Chapter 6 テスト付き課題を使ってみよう page 107

Chapter 8 採点・返却を効率よく行おう

Chapter 9 課外活動や職員研修に役立てよう page 171

Chapter 10 アドオンで学習環境を高めよう page 179

Chapter

1

最強の
学級経営ツール
Google Classroom

Google Classroomはどんなことができるのか、活用するとどんな変化を起こせるのか。自分の学校だったらというイメージを持って読んでみてください。

Lesson 01

[学級経営が変わる]

一人ひとりの声が聴こえるデジタルで変わる学級経営

このレッスンのポイント

Google Classroomを使い始めて私が感じる最も大きな変化は児童生徒一人ひとりの声を聴くことができるようになったことです。時間と場所の制約がなくなり、コミュニケーションが円滑になることによって様々な問題を未然に防ぎ、良好な信頼関係を築くことができます。

児童生徒が先生と話す機会を増やす

「先生、なんで私の話を聞いてくれないの?」そう言われたことがある先生も多いのではないでしょうか。私は何度も言われたことがあります。もちろん意地悪で聞いていないわけではなく、その時に別の生徒の対応をしていたり、次の授業の準備をしなければいけなかったりして、話す時間がない状況です。そんな風に言ってくれる児童生徒はまだいいのですが、悩みを相談したいのに先生が忙しそうだから話しかけられず、不安や不満を抱えたままになっている児童生徒もいるかもしれません。

Google Classroomを活用するようになって、そのような不安は解消できました。それぞれの課題に対して「教師」(先生)と「生徒」(児童生徒)が1対1のコミュニケーションを取ることができるので、生徒が自分の考えを伝えたり、教師に質問したりすることが容易になりました。教師はその時に返信する時間がなくても、後で見返してコメントを返すことができます。これはもちろん、生徒との直接的な会話をやめることを推奨しているわけではありません。教師と直接話したい生徒もいれば、チャットのようにコメントで伝えるのが得意な生徒もいますし、どちらの方法でもうまく伝えられない生徒もいます。Googleフォームでアンケートを行うと、普段はあまり話さないのに熱心に回答してくれる生徒もいます。生徒の選択肢が増えれば、その声が教師に聴こえる回数も増え、悩みや困っていることを小さなうちに発見して、生徒との良好な信頼関係を築くことができます。教師から児童生徒に声かけを行う方法も、直接話しかける以外に、フォームで全体に質問を投げかけることや、Classroomの限定コメントで個別に声かけを行うことが選択肢として増えます。限定コメントでは他の児童生徒の目を気にせずに話せるので、ちょっとした悩みや最近の出来事を相談してくれることも多くあります。クラス全員の児童生徒と良好なコミュニケーションを取るための手段として、Classroomを活用していきましょう。

*Classroomでは「教師」と「生徒」という名前で役割が区別されていますので、本書では実践事例のLessonを除き、「教師」と(小学校児童も含めて)「生徒」に表記を統一します。

全員の声が聴こえる授業を実現する

教師が質問すると小学校の低学年では多くの生徒が手を挙げますが、年齢が上がるにつれて発表することに不安や恥じらいが生まれ、手を挙げなくなります。教師はクラス全員の意見を聴こうとしますが、全員を指名するのは時間的に難しく、発表する生徒が偏ってしまう傾向もあります。また、自分の意見も聞いてほしい生徒は、指名されないとすごく残念がります。意見は持っているけれども発表するのが苦手な生徒もいるでしょう。

Classroomの［質問］の機能を活用すれば、生徒全員の意見を集めてすぐに共有できます。指名して発表することのメリットはもちろんありますが、［質問］を活用することで、クローズドクエスチョンの質問を自動で集計したり、オープンクエスチョンの回答を共有して生徒同士がコメントし合ったりといった一歩進んだ意見の交流が可能になります。

Classroomの機能を使いこなすことで、生徒全員の声を聴くだけでなく、これまでにはできなかった新しい授業の形が見えてきます。クラス全員の生徒が授業の目標を達成できるよう、生徒一人ひとりの考えや意見が聴こえるClassroomを活用していきましょう。

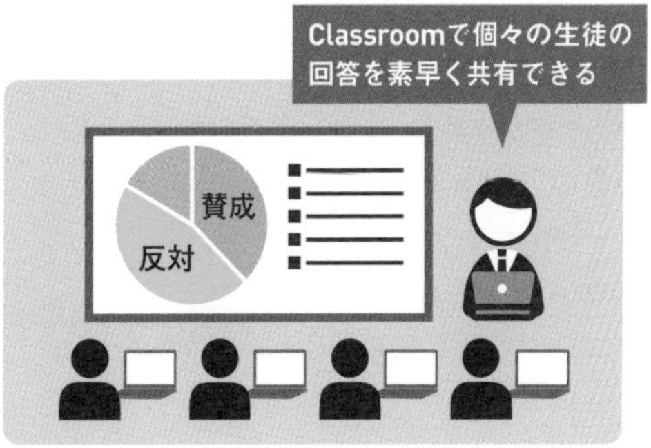

成功も失敗も職員間で共有を！

Classroomに限らず、新しいソフトウェアを導入する際に、完璧なマニュアルをもとに実践していくことは難しいですし、トラブル対応も含めた完璧なマニュアルがあったとしても、それを事前に全て理解することは不可能だと思います。ソフトウェアは常にアップデートされていますし、一方でネット回線や端末に不具合はつきものです。想定外のトラブルは起こり得ると考えて、失敗を恐れずに取り組み、失敗例も成功例も職員間で共有していくことが大切です。もしあなたの近くに一歩進んだ活用をされている先生がいたら、その先生と一緒に学ぶことをお勧めします。初めて歩み出す時は誰でも不安があります。その不安を不満に変えてしまっては取り残されるだけですし、新しい時代に対応する教育は絶対にできません。挑戦しない教育者に、子どもは学びたいと思わないからです。立ち止まったままでは遅れていくばかりです。今すぐに歩み出しましょう。そして、もし周りにためらっている先生がいたら、ぜひ声をかけて一緒に歩み出しましょう。困った時に助け合い、より遠くまで進むことができるでしょう。

Lesson 02

[仕事の仕方が変わる]

業務効率を上げて教師にしかできない仕事の時間を確保する

このレッスンのポイント

Classroomを活用することで作業時間を圧倒的に削減できます。教師の業務効率化が生徒に良い影響を与えることは言うまでもありません。単純作業の時間を減らして、教師にしかできない、教師本来の仕事ができる時間を確保しましょう。

いつでもどこでも安全にアクセスできる

学校が自前でサーバーを整備する場合、維持管理にコストがかかります。また、学校のサーバーを利用した際に、同時に同じファイルを編集できなかったり、一時的にアクセスできなかったりして困った経験はないでしょうか。

Google Classroomを含めたGoogle Workspace for EducationはGoogleが教育機関向けに提供するクラウドサービスです。学校のパソコンでも自宅のパソコンでも、個人が使用しているスマートフォンでも安全に利用でき、働く場所を選びません。教師は学校以外の場所で課題を作成でき、生徒はその課題で自宅学習することもできます。クラウドに保存されているファイルは共同で編集できるため、他の人が作業を終えるのを待つ必要がありません。また、履歴も自動で保存されるので、ファイルを保存し忘れたり、消失してしまったりすることもありません。

一方で、クラウドサービスを導入している企業、学校も増えてきているとはいえ、いつでもどこでも、どんな端末からも使用できることに不安を感じる人もいるかもしれません。ですが、Google Workspace for Educationには優れたセキュリティ対策が施されており、非常に高い安全性を保持しています。クラウドに保存されたデータは暗号化され、最先端の暗号化技術を使用して複数の階層で保護されています。また、クラウドの安定性も高く、何億人ものユーザーが使用するGmailのサービス稼働率は99.9%を保証しています。一時的に使えなくなるような計画的ダウンタイムもなく、私が利用し始めてからこれまでの間でアクセスできなかったのはたった1時間だけで、それ以外は24時間いつでも快適に利用することができています。学校で管理するサーバーと比較すると圧倒的に使いやすく、USBメモリなどでデータを学校の外に持ち出すよりも、はるかに安全です。

生徒がさまざまな端末で使用できるのも大きなメリットです。学校を休んでいる生徒もスマートフォンや自宅のパソコン、Chromebookなどで情報を共有できます。Classroomを普段使いしていくことで、学級閉鎖や学校閉鎖になってもすぐにリモートに移行して授業を進めることができます。

採点業務を自動化できる

Google Classroomを含めたGoogle Workspace for Educationを利用することで、業務を効率化できます。授業や学年通信のプリントを印刷し、生徒に配布すると非常に多くの時間がかかりますが、Google Classroomで課題を配布することで、その時間のほとんどを削減できます。プリント配布をクラウド化したことで、年間43時間もの時間短縮を達成できた学校もあります。Googleドキュメントに意見を集約して職員会議の時間を短縮することや、フォームの機能を活用して、生徒へのフィードバックと採点を自動で行うこともできます。

印刷や採点の業務を効率化し、作業の時間を削減することで、教師にしかできない仕事に取り組む時間を確保することができます。

AIにはできない教師の仕事をしよう

スマートフォンなどでGoogle検索するだけで、私たちは多くの答えを見つけることができます。Googleレンズというサービスを活用すれば、道端で見つけた花の名前も、難しい数式も画面に映すだけで教えてくれます。AIはすごいスピードで進化していて、人間の入力したキーワードから音楽や画像を作成する技術は既に存在しています。OpenAIが2022年に公開したチャットボットChatGPTは、質問をするとその意図に沿った返答ができ、感想文や小説も生成することができます。そんな中で教師の仕事はどう変化して、教育はどのように変わっていくべきなのでしょうか。

信頼関係を築いた先生から生徒へのコメントや、生徒同士の学び合いのファシリテート、クラスというコミュニティ運営は教師にしかできません。AIの進歩によって報告書やメールの返信、複雑なテストの採点もできるようになり、教師の仕事は洗練されていくことでしょう。資料の印刷や課題の管理、成績処理などの業務は自動化されていき、教師は本来行うべき仕事のための時間が確保できるようになります。Google Classroomの利用はその第一歩です。最初の一歩を踏み出して、教師にしかできない仕事の割合を増やしていきましょう。

Lesson 03

［教育が変わる］

ICTの活用で新しい教育を再定義しよう

このレッスンのポイント

Classroomを活用し始めると大きなメリットを感じるとともに、教育の変革が起こります。Classroomを活用しなければ実現できない授業が行われるようになり、教育の在り方が変わっていきます。教師間で情報を共有して、新しい授業や教育を進めていきましょう。

SAMRモデルを意識して実践を重ねていこう

Google Classroomを含めたICTの活用が教育現場で進むことでどのような変化が起こるのでしょうか。Ruben.R.Puentedura（2010）は、「SAMRモデル」を提唱しました。SAMRモデルとは、学校現場における ICT 活用レベルを示しており、「Substitution（代替）」「Augmentation（増強）」「Modification（変容）」「Redefinition（再定義）」の頭文字を集めた用語です。ICTの活用による教育の変化を4つのフェーズで示しています。

Substitution（代替）はアナログでできていたことをデジタルで代用するフェーズです。例えば、紙で配布していたプリントをPDFやGoogleドキュメントで配布して回収することがこれにあたります。紙の削減や提出物の一元管理ができますが、紙でもできる活用に留まっています。

Augmentation（増強）はデジタルの特性を活かして効果を増大させるフェーズです。配布したPDFなどにコメント機能で生徒が相互評価をすることがこれにあたります。単なる代替に留まらず、デジタルの利用によって効果が増大しています。

Modification（変容）は授業デザインや学び方がこれまでと変化するフェーズであり、さらに進んだRedefinition（再定義）は教育の原点に立ち戻り、教育をあらためて定義するフェーズになります。このModification（変容）とRedefinition（再定義）のフェーズをDX（デジタルトランスフォーメーション）と呼びます。DXが起こるためには、Augmentation（増強）を当たり前に実践していくことが必要不可欠となります。

学校は何のためにあるのか、教室や授業はどのような役割を果たすのか、AIが進化している中で教師にしかできないことは何なのか、それらの問いと向き合い、教育を再定義する時期が訪れることでしょう。本書を読み、実践を進めていくことでAugmentation（増強）のフェーズに到達することは難しくありません。そこまで進んだとき、教師が生徒の前に立ち、板書をして教える姿に疑問を持っていることでしょう。学校全体で取り組み、教育の変革を起こし、新しい教育の在り方を再定義していきましょう。

授業の変化を進めていこう

Google Classroom の活用が進み、教育のDXが起こると授業はどのように変化していくのでしょうか。少なくとも教師が得た知識を生徒に伝えるだけの一方通行の授業はなくなり、「主体的・対話的で深い学び」の実現に到達し、教師の役割が変化していくことでしょう。

教師がClassroomで課題を割り当てると、生徒は情報を検索して分析し、必要に応じて対話を行い、教師はそれをサポートする授業風景に変化するかもしれません。先に述べたように教育のDXはすぐには起こりませんので、学校内外の先生と一緒に試行錯誤しながら、じっくりと進めていきましょう。

従来の授業では教師から生徒に
一方通行で知識を与える

Classroomで生徒が主体的・対話的
に学び、教師はそれを見守る

デジタルシティズンシップ教育を始めよう

ICTの活用と同時に考えなければならないのが「デジタルシティズンシップ教育」です。本書でも、生徒に各種の権限を委譲する際のルールメイキングについて触れています。ソフトウェアやサービスは常にアップデートされており、教師がその情報をすべて把握し、生徒の不適切な利用を制限するには限界があります。教師が危険やトラブルを予期して生徒の利用を制限する「情報モラル教育」から、どのような利用ができるかを生徒が主体的に考えて、責任を持って積極的に活用していく「デジタルシティズンシップ教育」へと、学びの質的転換を目指していく必要があります。

残念ながら、リスクを避けることを最優先して有益なコンテンツの利用を制限している地域があります。LINEやInstagramなどのSNSが当たり前となっている現代、利用制限でトラブルを防止するのは、問題の先送りでしかなく、教育ではありません。
生徒が日常的に利用していく中で、小さな失敗を繰り返しながら、自分で行動するスキルを身に付けさせましょう。大切なことはルールを作り守らせることではなく、ルールメイキングを生徒主体で行い、そのプロセスの共通認識を持たせることです。ルールの見直しも含めて、どのような活用ができるのかを生徒と一緒に考えていきましょう。

Lesson 04 [事前準備]

Chromeにログインしよう

このレッスンの
ポイント

Classroomにログインする前に、まずはChromeにログインしましょう。他のGoogleアカウントを利用している場合は、そのChromeにアカウントを追加するのではなく、新しくChromeのプロフィールを追加しましょう。公私混同しないために重要なポイントです。

Chromeにログインする

1 ログイン画面を表示する

Chromeを起動しておきます。

1 ここをクリックします。

2 [同期を有効にする] をクリックします。

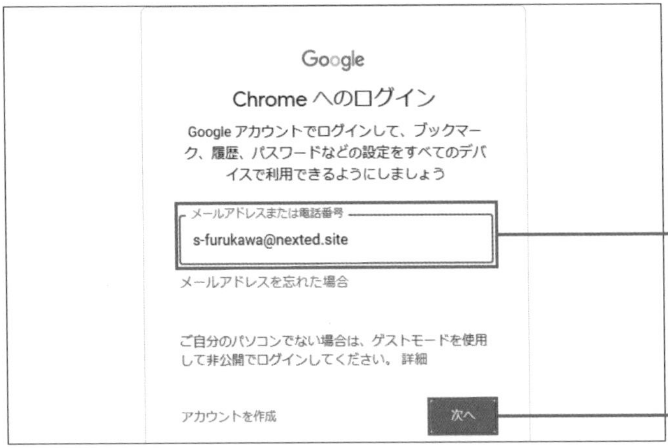

ログイン用の画面が表示されました。

3 Classroomで使用するGoogleアカウントのメールアドレスを入力します。

4 [次へ] をクリックします。

2 同期を有効にする

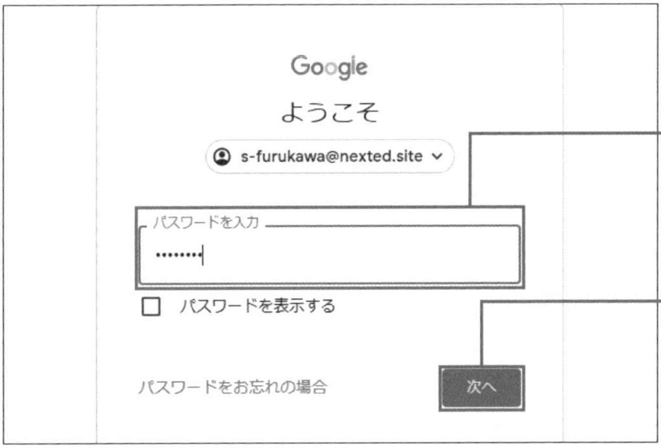

1 パスワードを入力します。

2 **[次へ]** をクリックします。

プライバシー設定に関する画面が表示されるので **[理解しました]** をクリックします。

プロフィールについての画面が表示されました。

プロフィールについての説明は、環境によって異なります。

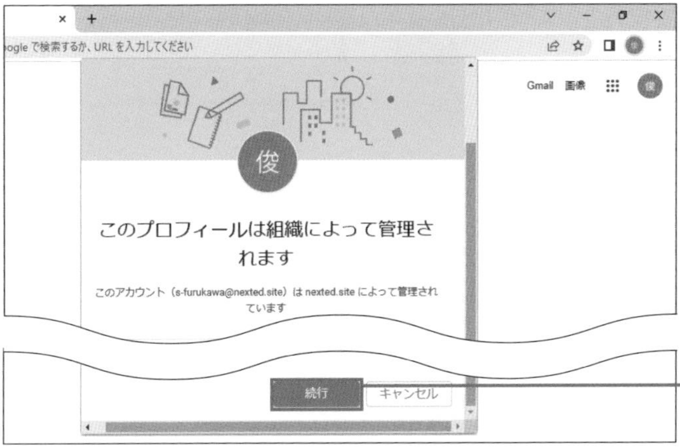

3 **[続行]** をクリックします。

4 **[有効にする]** をクリックします。

ワンポイント Chromeの同期をオンにしておく

Chromeの同期をオンにしておくと、すべてのデバイスで同期されたデータ（ブックマーク、履歴、パスワードなど）を更新できます。例えば、学校のパソコンでブックマークしたページを、自宅のパソコンで開くことができます。スマートフォンを紛失した場合や、新しい端末を入手した場合にも、Chromeにログインすることで以前と同じデータを利用できます。

▶プロフィールとアカウントを使い分けよう

個人用のGoogleアカウントがある場合は、Chromeのプロフィールを切り替えましょう。学校用のGoogleアカウントでChromeにログインしたまま、個人のアカウントを追加してしまうと、プライベートで検索した内容やYouTubeの閲覧履歴などが残ってしまいます。履歴を残さない設定にもできますが、プロフィールを切り替えたほうが使い勝手が良いです。

一方、学校用で複数のアカウントを利用する場合には、Chromeのプロフィールにアカウントを追加するとよいでしょう。複数のアカウントに同時にログインでき、ログインとログアウトを繰り返す必要がなくなります。この場合、ブックマークや履歴などはChromeにログインしているアカウントに記録されます。

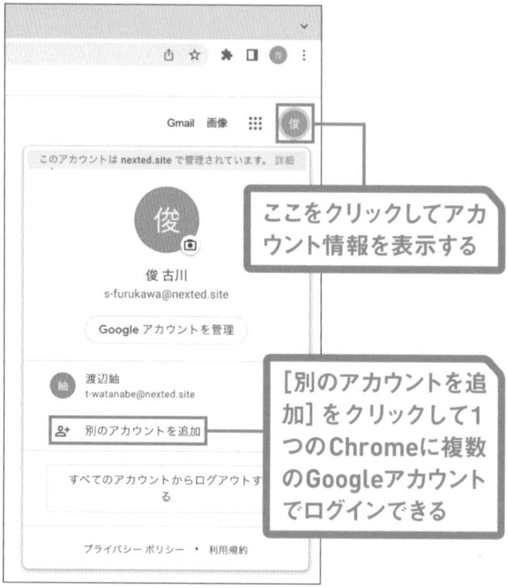

▶「アクセス権が必要です」と表示されたら

学校のアカウントでしか閲覧・編集できないファイルを個人アカウントで開いた場合、右のような画面が表示されます。このような場合には個人アカウントのChromeを閉じてから学校のアカウントでログインしているChromeを開いてファイルを開きましょう。ログインしているアカウントが正しい場合には相手の共有設定のミスも考えられますので、「アクセス権限をリクエスト」するか相手の方に確認をしてみてください。

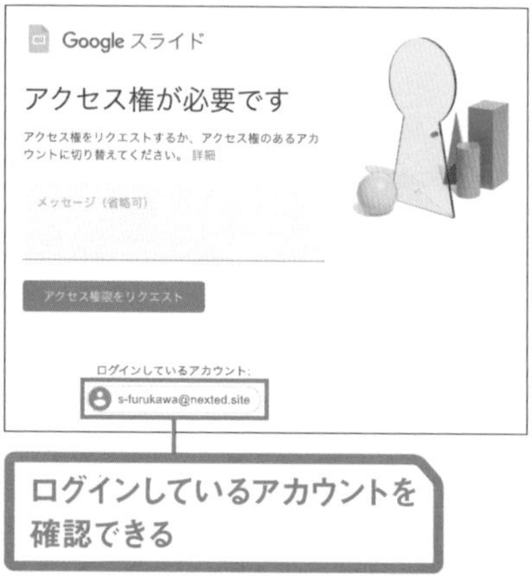

Chapter

2

Classroomで クラスを 作成してみよう

この章では最初に行う手順を紹介します。クラスを作成して生徒を招待する方法を確認していきましょう。

Lesson 05 [アプリの起動]

Classroomアプリを立ち上げよう

このレッスンのポイント

Classroomのアプリケーションを立ち上げる方法を確認しましょう。最初にログインするときのみ、アカウントの確認が必要になります。毎日使うアプリですので、ブックマークやタブの固定をしてすぐに確認できるようにしておくと業務の効率化に繋がります！

Classroomを起動する

Chromeを開いた時に右上に表示されているメニューを「アプリランチャー」と呼びます。このアプリランチャーから、文章を入力するドキュメントやアンケートを行うフォームなど様々なアプリを開くことができます。アプリランチャーを開いて下部にスクロールするとClassroomのアイコンが表示されます。Google検索で「Classroom」と検索するか、アドレスバーに「classroom.google.com」と入力しても開くことができますが、初めて使う方は以下の手順でアプリを起動しましょう。

アプリランチャーからアプリを立ち上げる

1 Classroomのアイコンを表示する

Lesson04を参考にGoogleにサインインしておきます。

1 **[Googleアプリ]** をクリックします。

2 **[Classroom]** をクリックします。

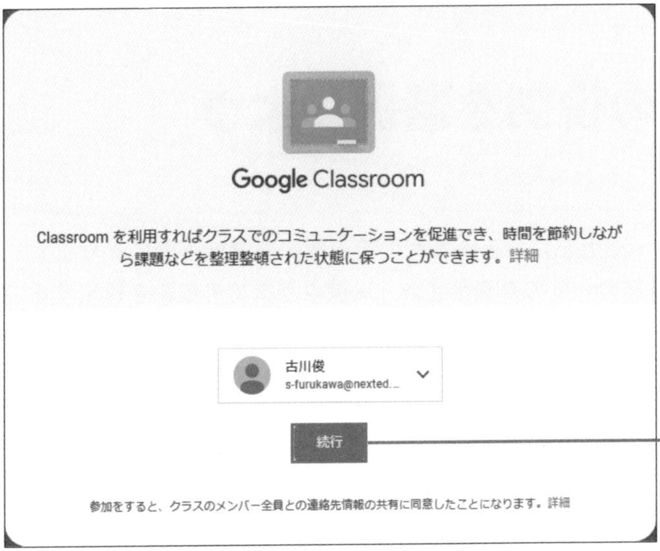

2 Classroomの画面が表示された

1 アカウントを確認します。

2 **[続行]** をクリックすると初期設定の画面が表示されます。

ワンポイント ブックマークとタブの固定を試してみよう

起動の方法を覚えたら、2回目以降はすぐにClassroomを開けるようにブックマークしておきましょう。アドレスバーの右側の☆をクリックして名前を付けるだけです。すぐに該当のクラスを開きたい場合にはLesson07を参考にクラスを作成した後にブックマークしましょう。ブックマークの名前は変更することができますので、「4-2理科」など短くて分かりやすい名前をつけるのがポイントです。

▶ブックマークを活用する

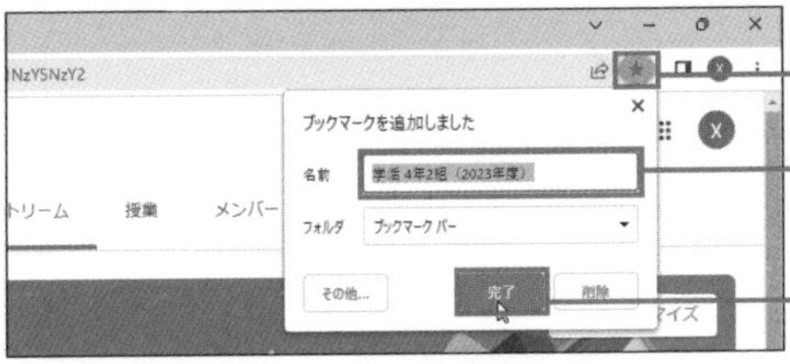

1 **[このタブをブックマークに追加します]** をクリックします。

2 **[名前]** にブックマークの名前を入力します。

3 **[完了]** をクリックします。

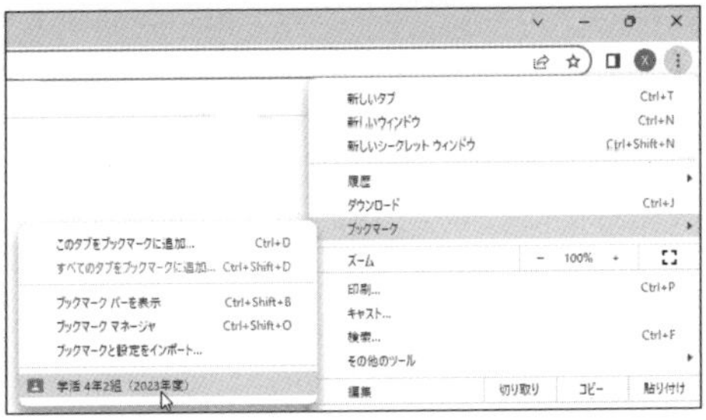

追加したブックマークは **[Google Chromeの設定]**-**[ブックマーク]** で表示して、クリックするとそのページに移動できます。

[ブックマークバーを表示] をクリックすると、ブックマークがアドレスバーの下に常に表示されます。

Lesson 06 [役割を選ぶ]

クラスでの役割を選択しよう

このレッスンのポイント

最初にClassroomを立ち上げると生徒か教師の選択画面になります。この画面は最初の一度のみ表示され、一度クラスでの役割を設定するとGoogle Workspace for Educationの管理者しか変更できなくなりますので、先生は必ず教師を選択するようにしてください。

生徒か教師かを選択する

初めてClassroomを立ち上げると「私は生徒です」か「私は教師です」を選択する画面になります。ここで「私は教師です」を選択したユーザーは、「Classroom の教師」というグループに自動的に追加されます。この役割の選択は最初の一度しか表示されず、自分で変更をすることはできません。もし「私は生徒です」を選択してしまった場合には、Google Workspace for Education 管理者に個別に変更してもらう必要がありますので十分気をつけてください。

役割を選ぶ

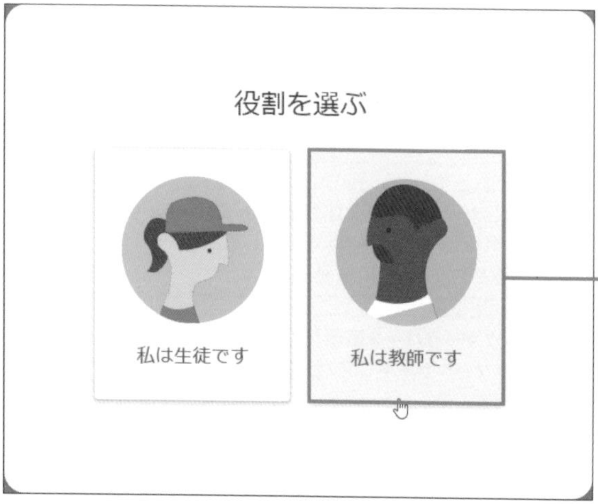

1 役割を選ぶ画面を表示する

Lesson05の手順2で **[続行]** をクリックすると、左の画面が表示されます。

1 **[私は教師です]** をクリックします。

クラスを作成する画面が表示されます。

ワンポイント 生徒と教師は何が違うの？

「生徒」と「教師」の役割の最も大きな違いは、クラスを作成できるかどうかです。「教師」を選んでも他の先生が作成したクラスに「生徒」として加わることは可能です。下の「画面」は、Google Workspace for Education 管理者が設定することができる管理コンソールというアプリケーションです。管理者は、教師以外のユーザーがクラスを作成できないようにしたり、教師を選択しても、管理者が承認しないとクラスを作成できないようにしたりすることができます。管理者はクラスを作成できるユーザーを［このドメイン内のすべてのユーザー］［保留中および確認済みのすべての教師］［確認済みの教師のみ］から設定することができます。

ユーザーの種類	ユーザーにできること
このドメイン内のすべてのユーザー	生徒を選んでも教師を選んでもクラスを作成することができます。
保留中および確認済みのすべての教師	教師を選択したユーザーがクラスを作成することができます。
確認済みの教師のみ	教師を選択して、管理者が承認するとクラスを作成することができます。

管理コンソールで設定すると「教師」以外でもクラスを作成可能にできる

Lesson 07

[クラスを作成]

新しいクラスを作成しよう

このレッスンのポイント

ここでのクラスは「学級」という意味ではなく、「授業」という意味で捉えておくと良いです。連絡したり課題を出したりする場所を授業ごとに作成しましょう。生徒にとって分かりやすいクラス構成にすることがポイントです。

クラスを作成する

クラスは画面右上の「+」をクリックして、[クラスを作成] を選択して作成できます。教科クラスごとに作成する方法が一般的ですが、学年全体でディスカッションを行うために学年を1つのクラスに招待したり、委員会や行事、教師だけのクラスを作成して運用したりする学校もあります。まずは自分の持っているホームルームクラスや教科のクラスを作成していきましょう。授業以外での活用法もありますので、本書を読んでどのような運用ができるのかをご自身の学校に合わせて考え、クラスを作成してみてください。

「+」を押しても [クラスを作成] が表示されない場合には、クラスを作成できるユーザーが確認済みの教師のみとなっている可能性がありますので、管理者に承認してもらってから次のステップへ進んでください。

メニューからクラスを作成する

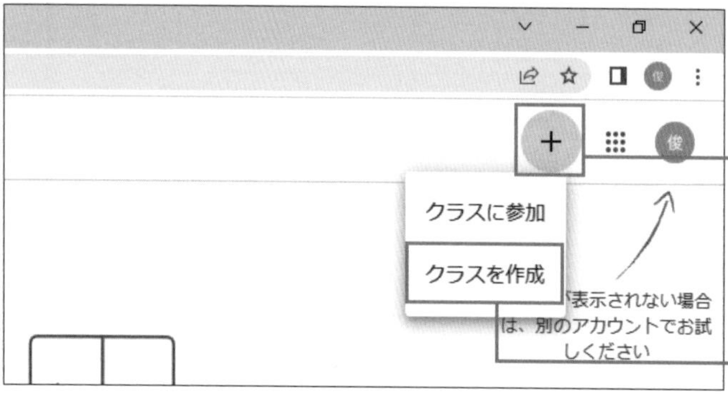

1 クラスを作成する準備をする

1 ここをクリックします。

2 **[クラスを作成]** をクリックします。

［クラス名］［セクション］を入力する

クラスを作成する際は、［クラス名］［セクション］［科目］［部屋］などの必要項目を記入します。作成後は下の図のように［クラス名］が大きく、［セクション］が小さく表示されます。［クラス名］に国語や理科などの教科名、［セクション］に「4年2組」などの学年クラス名を入れておくと、クラスの一覧が並んだ時に教師も生徒も分かりやすくなります。一方で、習熟度別や選択の授業などクラス単位で授業をしないことも考えられますので、その場合は「4年（担当：古川）」のように教師名を入れておくなど工夫しましょう。

［クラス名］［セクション］をどのように入力するのかは学校ごとに決まっている場合が多いです。毎年更新する必要があるため、管理のしやすさを目的に年度をクラス名に入れたり、学期ごとにクラスを作成し直したり、それぞれの学校で工夫されていますので、そのルールに合わせて作成することで、一覧表示した時に生徒がわかりやすいものとなります。

クラス名などを入力する

1 各項目に入力する

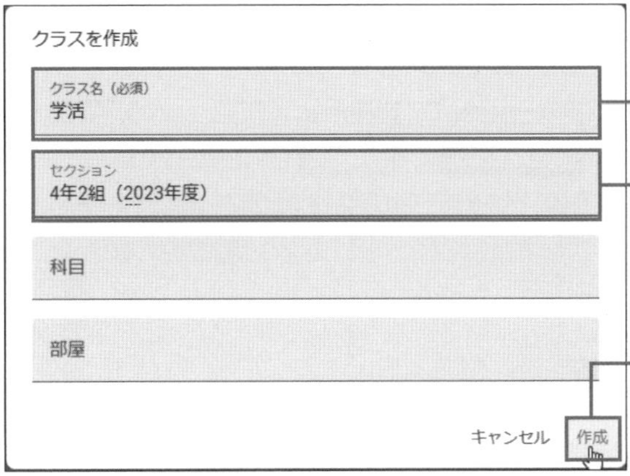

1 **［クラス名］**に「学活」と入力します。

2 **［セクション］**に「4年2組（2023年度）」と入力します。

3 **［作成］**をクリックします。

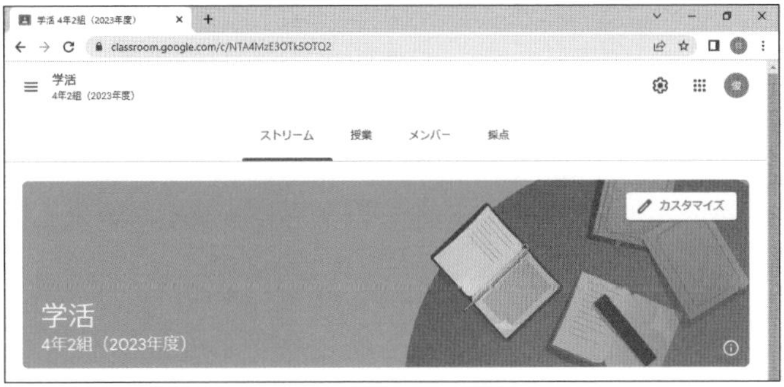

クラスが作成されました。

生徒が複数のクラスの中から見つけやすいようにクラス名を決めましょう

Lesson 08

[クラスを作成]

Classroomのメニューを確認しよう

このレッスンのポイント

クラスを作成することができたらそのクラスの中を見てみましょう。この後のレッスンで細かな設定や操作方法を活用できるようになっていけば良いので、ここでは4つのページで、それぞれどんなことができるのかを把握しておきましょう。

4つのページを確認しよう

下のような画面が表示されたらクラスを作成することができています。それぞれのページでどのようなことが操作できるのか確認していきましょう。

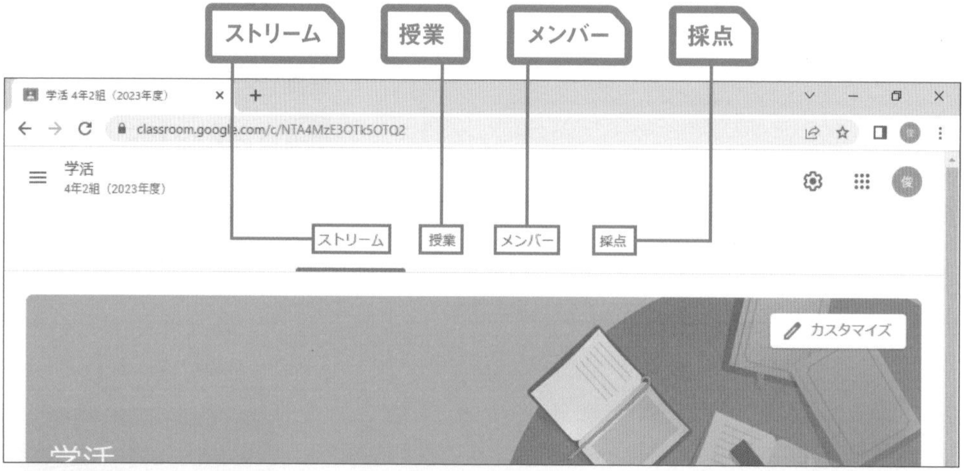

タブ名	機能
ストリーム	クラスへの連絡を行ったり、質問に対して回答したり、ディスカッションを行うことができます。
授業	課題を作成して割り当てたり、採点してフィードバックを行ったりすることができます。
メンバー	クラスの教師と生徒を招待することができます。保護者を登録し、一斉メールを送信できます
採点	課題の提出状況を一覧で把握することができ、得点やその合計点を確認できます。

それぞれの役割を覚えておこう

最初に利用するのは［メンバー］のページです。ここから副担任や生徒を招待することができ、途中から追加や削除も行うことができます。
［ストリーム］のページでは、掲示板のように教師から生徒へお知らせを投稿することができます。生徒にはリアルタイムで表示され、投稿に対してコメントをすることができます。

［授業］のページでは、課題やテストを作成して管理することができます。生徒はこのページで課題を提出し、教師は点数を入力して返却を行うことができます。
［採点］のページでは、作成した複数の課題やテストの提出状況と得点率を一覧で確認することができます。

ワンポイント 全体のメニューも確認しよう

左上のメインメニューから「クラス」を選択するとクラスの一覧に戻ることができます。また、「カレンダー」で課題の期限を確認したり、「設定」から通知の設定を行うことができます。

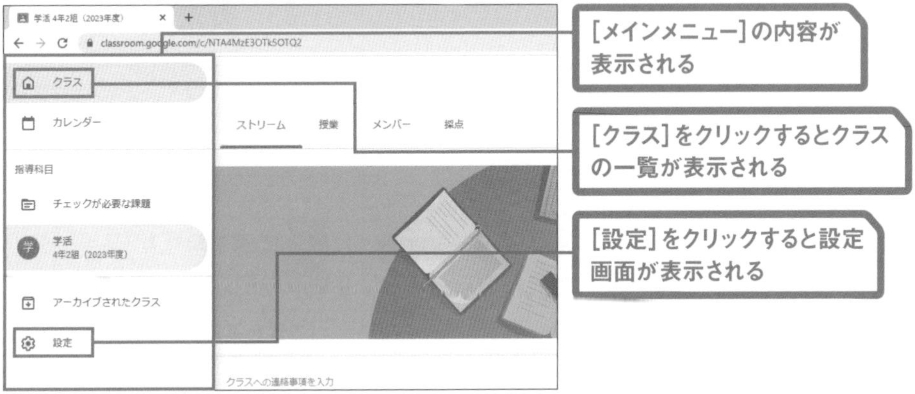

Lesson 09

[生徒を招待①]

クラスに生徒を一括で招待しよう

このレッスンのポイント

クラスに生徒を招待する方法は3つあります。まずはメールアドレスで登録する方法を試してみましょう。この方法は事前にクラスのメンバーが決まっていてアカウント(メールアドレス)が分かっている時に最も効率よく招待できる方法です。

メールアドレスで一括で招待できる

[メンバー] 画面で [生徒を招待] を選択し、エクセルやスプレッドシートなどの一覧表からコピー&ペーストすると一括で生徒を登録することができます。事前に参加する生徒が決まっていてメールアドレスが分かっている場合にはこの方法が最も効率的です。Google Workspace for Education アカウントでは、一つのクラスに生徒と教師合わせて最大1,000名が参加することができます。

メールで生徒を招待する

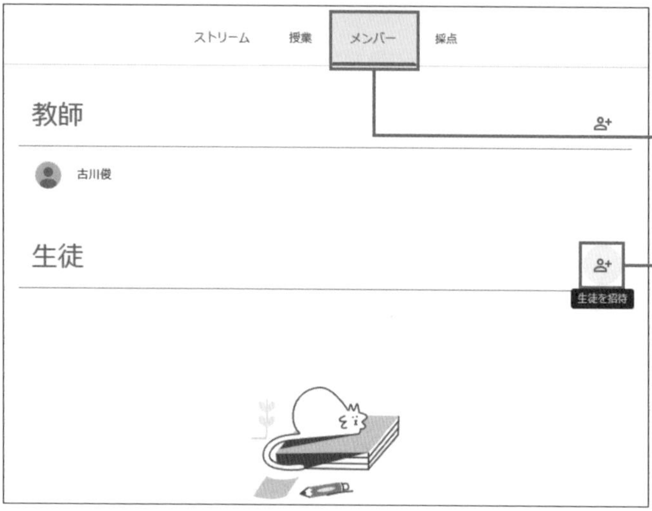

1 [メンバー]画面を表示する

1 **[メンバー]** をクリックします。

教師と生徒の一覧が表示されます。

2 **[生徒を招待]** をクリックします。

[生徒を招待] 画面が表示されます。

2 メールアドレスを入力する

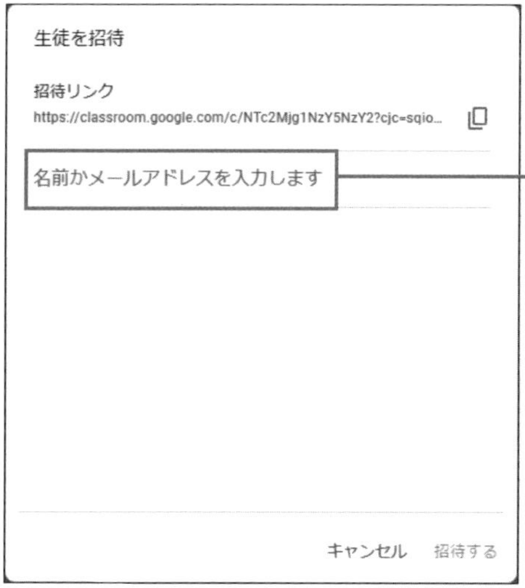

1 **[名前かメールアドレスを入力します]** をクリックします。

連絡先にメールアドレスなどが登録されている場合は、ここに一覧が表示されます。

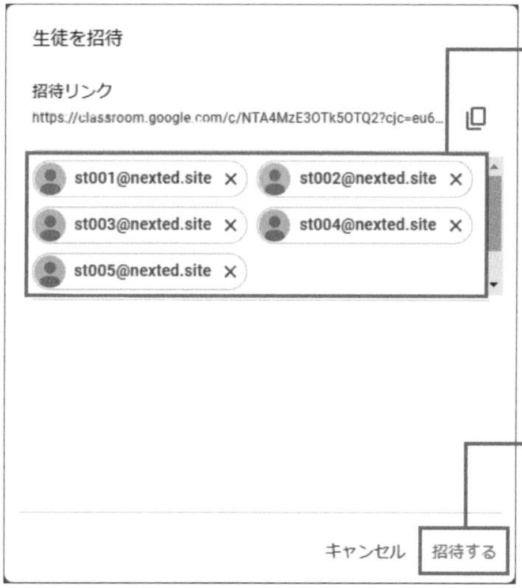

2 生徒のメールアドレスを入力します。

POINT
メールアドレス同士が改行やカンマなどで区切られている場合は、まとめてコピー＆ペーストすることができます。

3 **[招待する]** をクリックします。

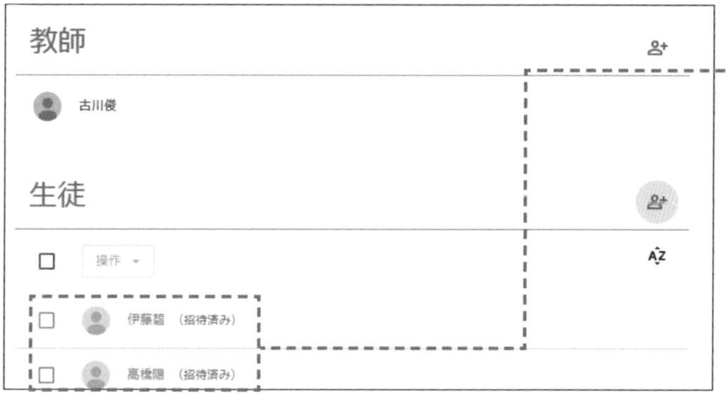

招待された生徒が表示されました。生徒側で招待を受けてクラスに参加すると、表示が変更されます。

Lesson 10

[生徒画面(招待①)]

クラスへ招待された時の生徒の画面を確認しよう

このレッスンのポイント

生徒を招待した後の生徒の画面を確認しておかないと、生徒から質問されたときに対応できません。クラスに招待されたときの生徒の操作を確認しておきましょう。なお、教師が他のクラスに[生徒]として参加する場合は、役割を選択し直す必要はありません。

参加できるクラスが自動的に表示される

生徒もクラスルームアプリを立ち上げて(Lesson05)、生徒か教師の選択を行う(Lesson06)ところまで手順は同じになります(児童生徒には「私は生徒です」を選択させてください)。すでに招待されている場合には手順2のように招待されているクラスが表示されますので、[参加]をクリックして参加することができます。生徒は教師と違って[採点]のページがなく、[ストリーム][授業][メンバー]の3つのページで構成されています。

招待を受ける

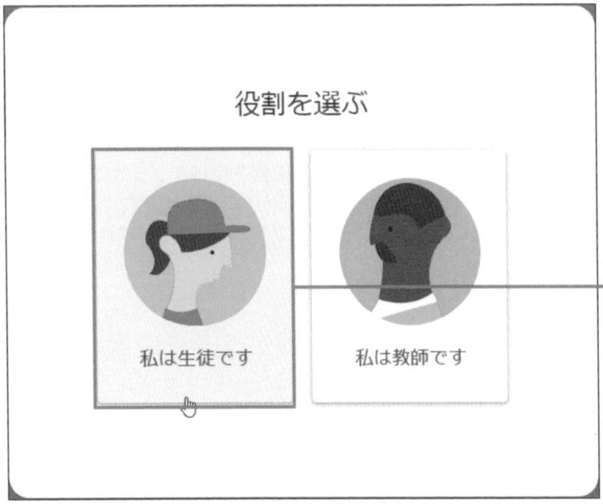

1 役割を選ぶ

Lesson05の手順2で**[続行]**をクリックすると、左の画面が表示されます。

1 **[私は生徒です]**をクリックします。

招待されているクラスの画面が表示されます。

2 クラスに参加する

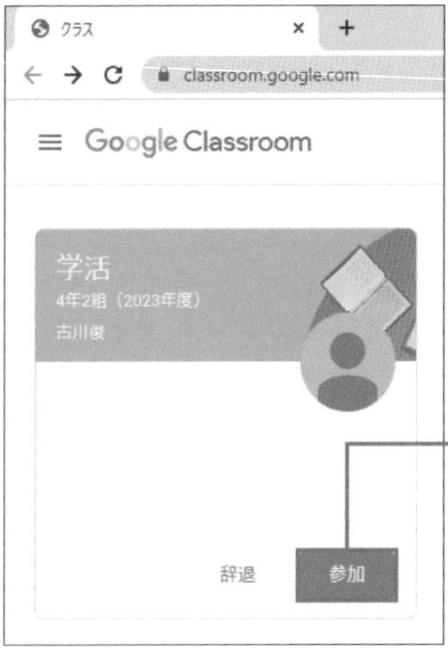

POINT
教師が作成したクラスと同じデザインで表示されます。アイコンの部分には教師のアイコンが表示されます。

1 **[参加]** をクリックします。

[学活] のクラスが表示されます。

POINT
教師と生徒の画面はほぼ同じですが、生徒の場合は［採点］ページが表示されません。

▶ 教師側の画面を確認しよう

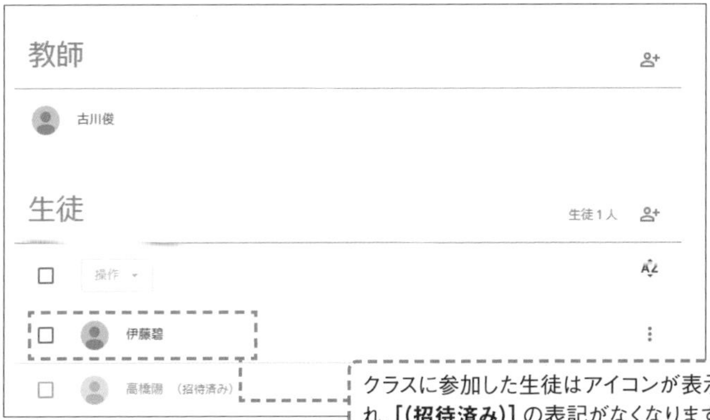

クラスに参加した生徒はアイコンが表示され、**[(招待済み)]** の表記がなくなります。

こちらは教師の画面です。生徒が「参加」を選択すると、(招待済み) の文字がなくなり参加できたことが分かります

Lesson [生徒を招待②]

11 招待リンクで生徒を招待しよう

このレッスンのポイント

招待リンクで生徒を招待する方法は、招待したい人のメールアドレスやクラスの参加者が事前に分からない時にも利用できます。オンラインで繋がる手段があれば、リンクを共有してすぐにClassroomに参加してもらうことができます。

リンクを共有してクラスに招待する

教師が招待リンクを生成して共有することで、生徒（参加者）がそのリンクからクラスに参加することができます。オンラインでの授業や研修会で、生徒（参加者）をクラスに招待したい時に、メールアドレスを一人ひとり確認する必要なく、リンクをチャットで伝えて参加してもらうことができます。リンクなのでQRにして画面表示や配布することもできます。

▶ 教師側の画面

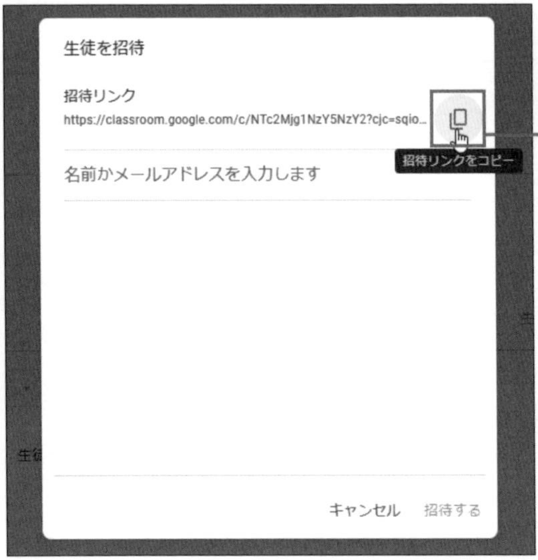

Lesson09を参考に［生徒を招待］画面を表示

［招待リンクをコピー］をクリックして、コピーした招待リンクを生徒にチャットなどで伝える

リンクをクリックしてクラスに参加する

生徒は共有されたリンクからアカウントを確認して、すぐにクラスに参加することができます。複数のアカウントを利用している場合には、どのアカウントでClassroomに参加するのか、表示されているGoogleアカウントをしっかりと確認するようにしましょう。

▶ 生徒側の画面

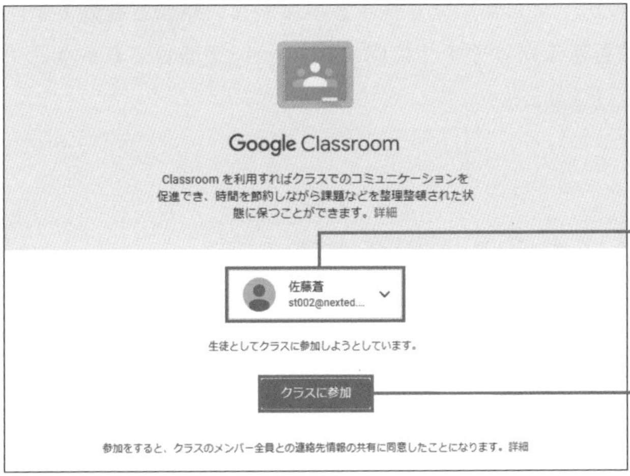

リンクをクリックするとクラスルームに参加するための画面が表示される

自分のアカウントが表示されているか確認

[クラスに参加]をクリックするとクラスが表示され、参加できる

ワンポイント 招待リンクやクラスコードを無効にするには

招待リンクや次のレッスンで紹介するクラスコードで招待する際に注意すべきことは、そのリンクやクラスコードを知っていれば誰でもクラスへ参加することができてしまうことです。対象生徒全員がクラスへ参加した後は右のストリームの画面（もしくは［設定］）から「オフにする」に変更しておくことで、リンクやクラスコードを知っていても参加することができなくなります。有志で募集し作成するクラスについても期限を過ぎたら「オフにする」に設定することで、期限後は参加することができなくなります。もう一度募集を再開したい時には設定から招待リンクをオンにしましょう。

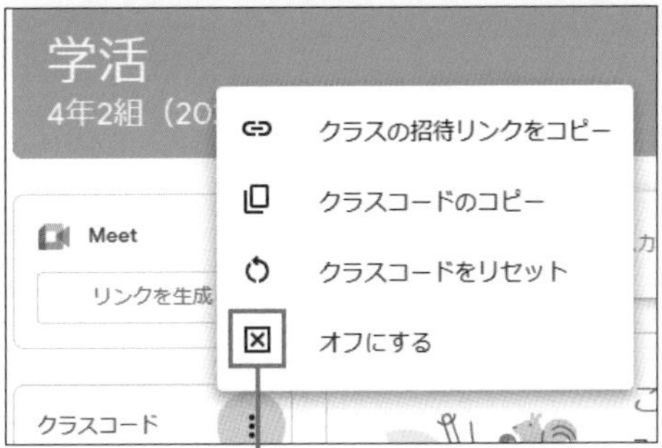

ここをクリックしてメニューを表示し、[オフにする]をクリックする

Lesson 12 [生徒を招待③]

クラスコードで生徒を招待しよう

このレッスンのポイント

クラスコードで生徒を招待する方法は、招待したい人のメールアドレスが事前に分からず、オンラインで繋がる手段がない時にも有効です。たった7文字を共有するだけですぐにClassroomに参加してもらうことができます。

クラスコードを表示してクラスに招待する

クラス特有のコードである「クラスコード」を表示して、生徒（参加者）が入力することでクラスに参加することができます。7文字の簡単な文字列で表示されるので、黒板やホワイトボードに写すことも容易です。生徒（参加者）がClassroom上でクラスコードを入力する手間はありますが、有志の委員会やプロジェクトなどを募集する際に、クラスコードを記載して掲示しておくこともできます。

▶ 教師側の画面

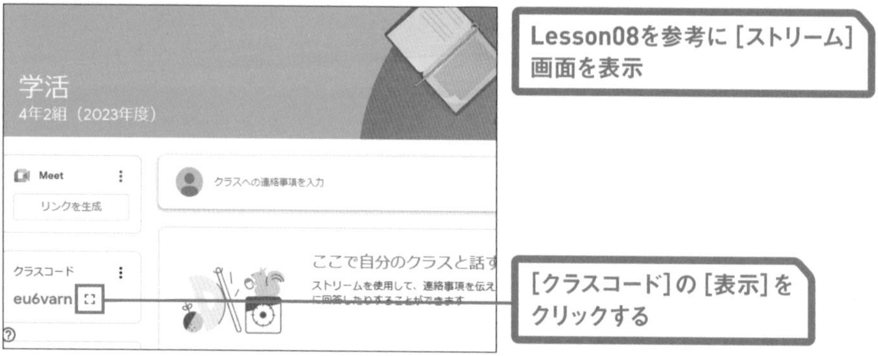

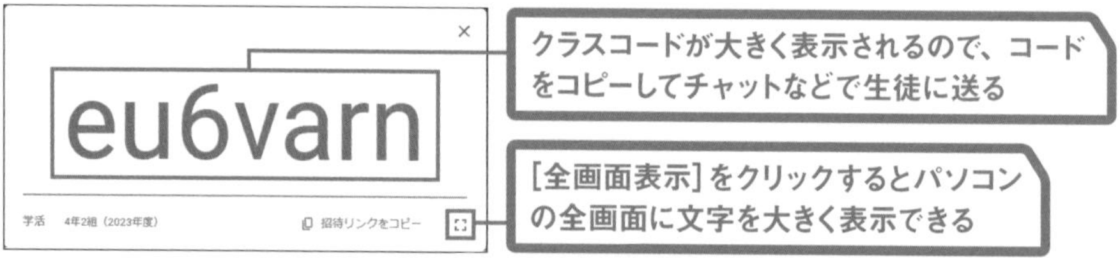

クラスコードを入力してクラスに参加する

クラスコードを共有した場合には、Classroomのアプリを立ち上げた後で右上の「+」からクラスコードを入力してもらう必要があります。7文字とはいえキーボード入力を行う必要があるため、小学校低学年の児童は別の方法で招待すると良いでしょう。

▶生徒側の画面

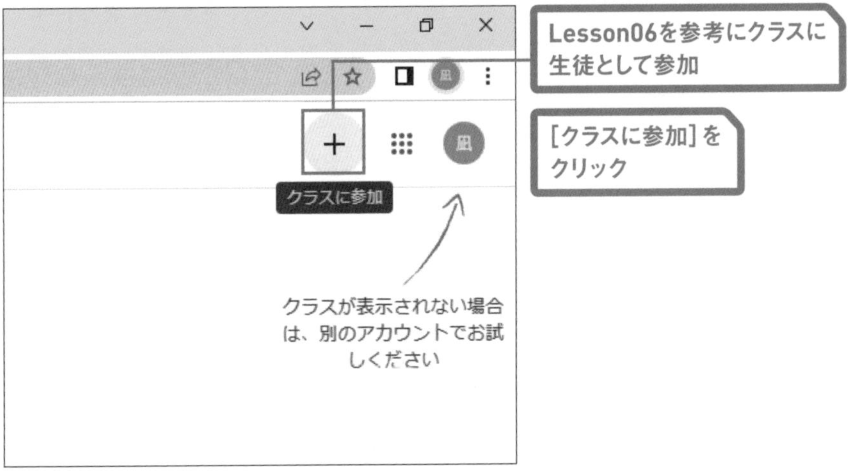
Lesson06を参考にクラスに生徒として参加
クラスに参加
[クラスに参加]をクリック
クラスが表示されない場合は、別のアカウントでお試しください

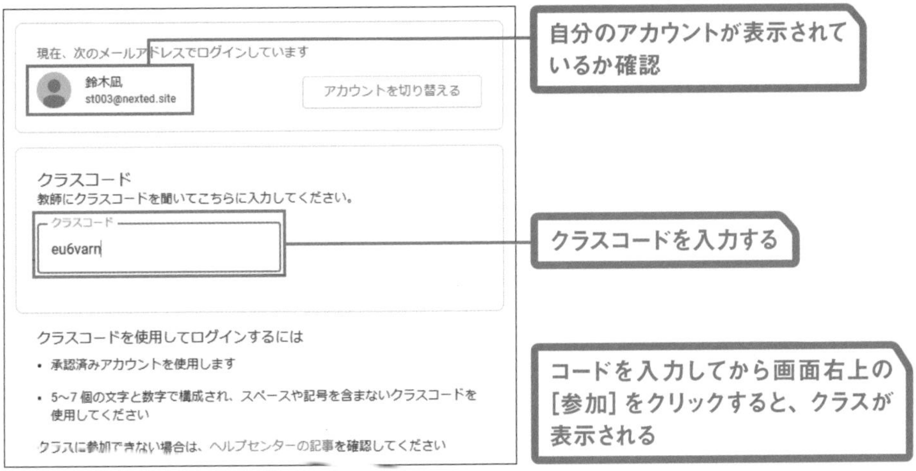
現在、次のメールアドレスでログインしています
鈴木凪
st003@nexted.site
アカウントを切り替える
自分のアカウントが表示されているか確認
クラスコード
教師にクラスコードを聞いてこちらに入力してください。
クラスコード
eu6varn
クラスコードを入力する
クラスコードを使用してログインするには
• 承認済みアカウントを使用します
• 5~7 個の文字と数字で構成され、スペースや記号を含まないクラスコードを使用してください
クラスに参加できない場合は、ヘルプセンターの記事を確認してください
コードを入力してから画面右上の[参加]をクリックすると、クラスが表示される

Lesson 13 [教師の招待]

クラスに副担任を追加しよう

このレッスンのポイント

複数人で授業を担当している場合には教師を追加することができ、クラスを作成したオーナーと同じ操作を行うことができます。また、学年主任や副担任など、他の教師を招待しておくことで複数の教師の目で生徒を見ることができます。

教師を招待しよう！

教師を招待する方法はメールアドレスでの招待のみで、招待リンクやクラスコードで招待することはできません。メンバーのページから［教師を招待］を選択して、副担任や複数人で担当している授業の先生をメールアドレスを入力して招待することができます。最大50名の教師に参加してもらうことができます。

メールアドレスで招待する

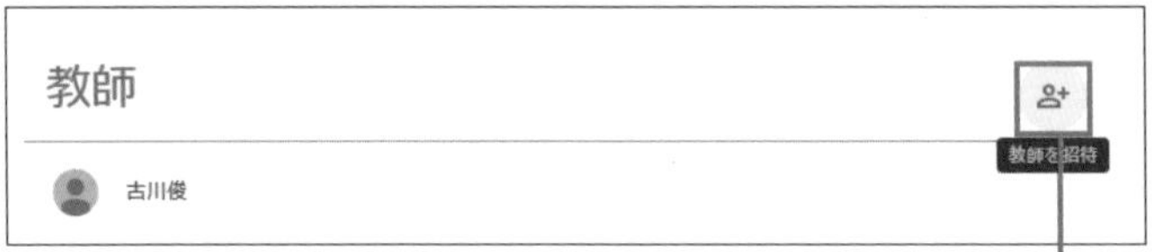

1 メールアドレスを入力する

Lesson09を参考に**［メンバー］**を表示しておきます。

1 **［教師を招待］**をクリックします。

2 招待する教師のメールアドレスを入力します。

3 **［招待する］**をクリックします。

2 参加を待つ

招待した教師は **[教師]** の一覧に表示されます。まだ参加していない場合は **[(招待済み)]** と表示されます。

メールの招待を承諾する

▶招待された教師の画面

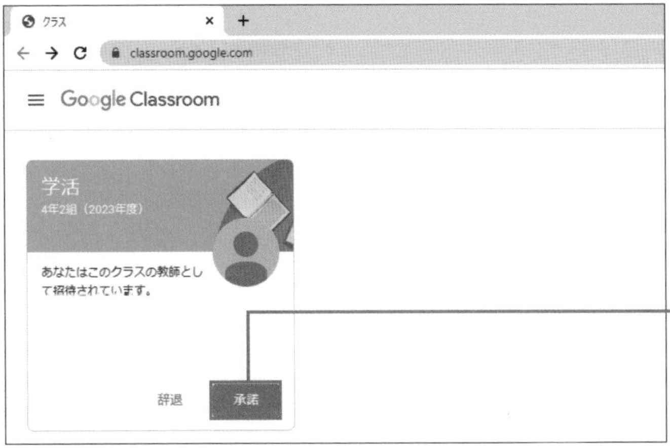

1 教師として参加する

1 Classroomを起動すると左の画面が表示されます。

メールアドレスに招待メールも送られています。

2 **[承諾]** をクリックするとクラスに参加できます。

ワンポイント クラスのオーナーとは

最初にクラスを作成した教師は「クラスのオーナー」となります。招待を受けた教師は課題の投稿や設定の変更など、クラスのオーナーと同じことを行うことができますが、クラスの削除だけは、クラスのオーナーしか行うことができません。このオーナーの権限は、他に教師が参加しているときに譲渡することができます。

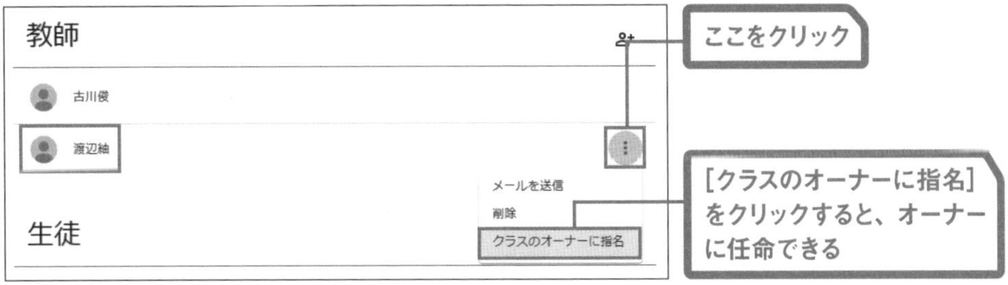

Lesson 14

[クラスのデザイン]

クラスのデザインをカスタマイズしよう

このレッスンのポイント

たくさんのクラスが並ぶ中で、特定のクラスを見つけるのにデザインは重要です。デザインは教科ごとに違う色に設定して生徒が見つけやすくなるように決めておきましょう。途中で変更すると混乱するので最初にカスタマイズするのがポイントです。

ひと目でわかるデザインにする

事前に生徒の視点からどのようなクラスが並ぶかを想定して、各学年や各教科でカラーをあらかじめ決めておくと生徒にとって分かりやすいものになります。たくさんのテンプレートが用意されていますので、テンプレートを見ながら色を選択していきましょう。

テーマ色を変更する

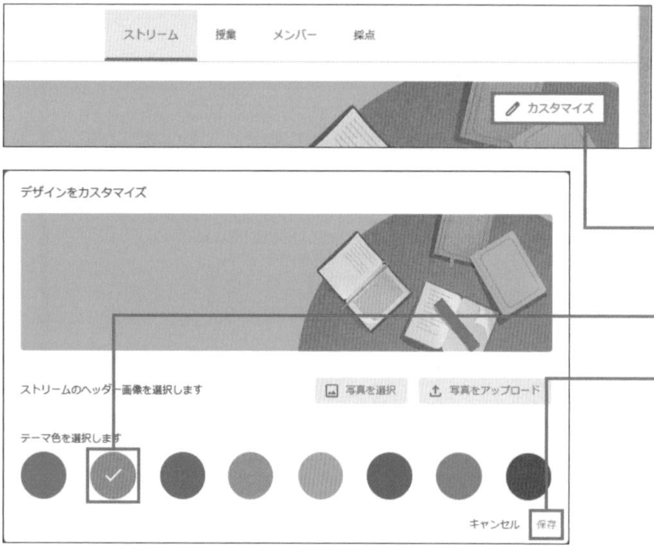

1 テーマ色を選択する

Lesson08を参考に [**ストリーム**]画面を表示しておきます。

1 [**カスタマイズ**] をクリックします。

2 テーマ色をクリックします。

3 [**保存**] をクリックします。

クラスルームの文字色などが変更されます。

テーマを変更する

1 テーマを選択する

左ページを参考に **[デザインをカスタマイズ]** 画面を表示しておきます。

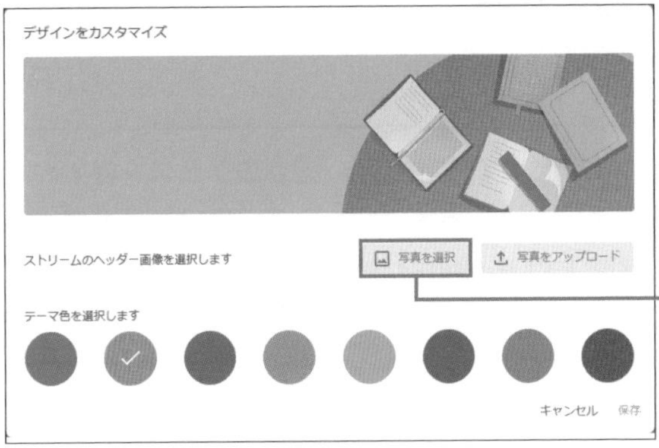

1 **[写真を選択]** をクリックします。

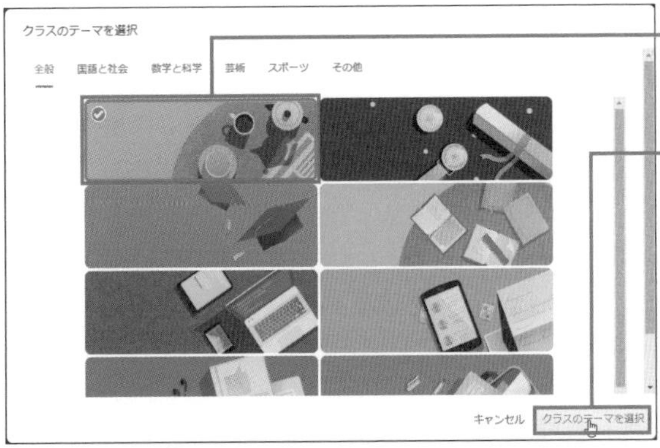

2 テンプレートをクリックします。

3 **[クラスのテーマを選択]** をクリックします。

[デザインをカスタマイズ] 画面に戻るので **[保存]** をクリックするとテンプレートが適用されます。

ワンポイント 写真をアップロードするには

写真をアップロードしてオリジナルの画像を設定することができます。任意の位置でトリミングできますが、表示されるサイズが横長で1010×250ピクセルになりますので、これに合わせて用意すると良いでしょう。作成する場合には［Canva］やGoogleの［スライド］などのツールで作成して、JPEG形式やPNG形式などの画像データとして保存してアップロードしましょう。

デザイン部分に写真やイラストを使うことができる

Lesson 15 [クラスの削除]

クラスの登録の解除

このレッスンのポイント

使用していないクラスが表示されたままだと、該当のクラスを探すのに時間がかかってしまいます。アーカイブしたクラスはいつでも復元して元に戻すことができますので、利用が終了したら積極的にアーカイブしていきましょう。

使わないクラスは整理しよう

クラスの一覧からクラスをアーカイブすることができます。アーカイブとは使用していないクラスを非表示にして保存しておくことです。クラスをアーカイブすると、そのクラスはすべての参加者に対してアーカイブされ、復元されない限りは教師も生徒も閲覧や編集を行うことはできません。この操作をすると、クラスはアーカイブしたクラスに移動しますが、クラスのファイルは Googleドライブに残ります。クラスをアーカイブできるのは、クラスのオーナーもしくは教師として招待されたアカウントだけです。

クラスを非表示にする

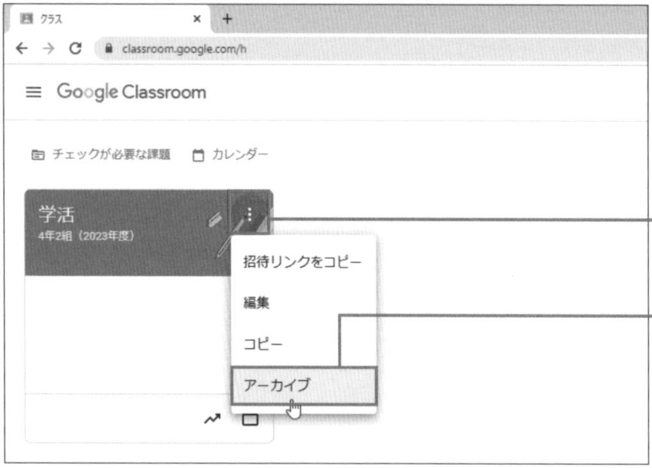

1 クラス一覧から操作する

Lesson08を参考に **[クラスの一覧]** 画面を表示します。

1 ここをクリックします。

2 **[アーカイブ]** をクリックします。

2 アーカイブを実行する

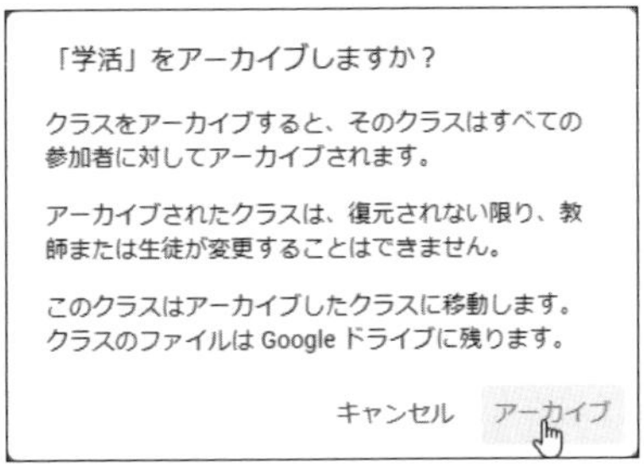

1 **[アーカイブ]** をクリックします。

クラスが非表示になります。

クラスを復元する

アーカイブしたクラスを復元する方法は以下の通りです。一方で、クラスを二度と使用することがない場合は、完全に削除できます。クラスを削除するには、最初にアーカイブする必要があります。クラスを削除できるのはクラスのオーナーだけで、削除したクラスを元に戻すことはできません。[削除] をクリックすると、そのクラスの投稿やコメントにはアクセスできなくなりますが、教師と生徒はクラスのドライブフォルダにあるクラスのファイルに引き続きアクセスできます。

クラスを再表示する

1 クラスを復元する

Lesson08を参考に **[メインメニュー]** を表示します。

1 **[アーカイブされたクラス]** をクリックします。

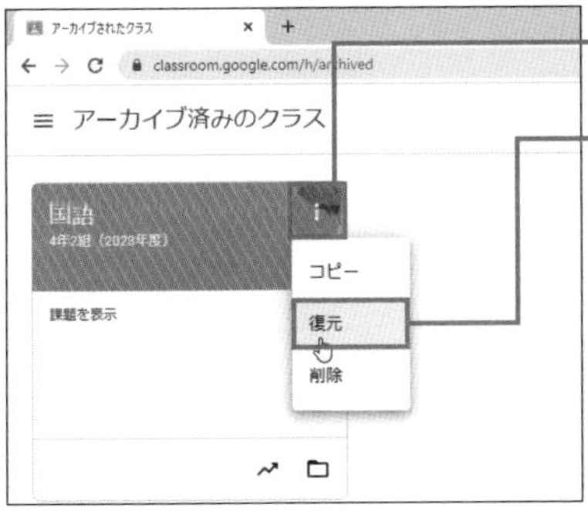

2 ここをクリックします。

3 **[復元]** をクリックします。

[削除] をクリックするとクラスが削除されます。

COLUMN

クラスの表示順を変更するには

たくさんクラスが並ぶと、よく使うクラスを上に表示したくなると思います。クラスは作成した順番、もしくは参加した順番に、並んでいきますので最初に作成・参加したものは一番下に表示されてしまいます。
ですが、このクラス一覧のクラスは自由にカスタマイズすることができます。操作は移動させたいクラスをドラッグ＆ドロップで並び替えるだけです。移動したいクラスをドラッグし、移動したい場所でドロップしてください。また、クラスの右上のメニューから［移動］を選択して移動させることもできます。この並べ替えを行うと、Classroom の左横のアイコンで表示される並び順も自動的に変更されます。毎日使うクラスはブックマーク（Lesson05）やタブの固定をしておくと良いですが、クラスが増えてきたら一度整理してみましょう。

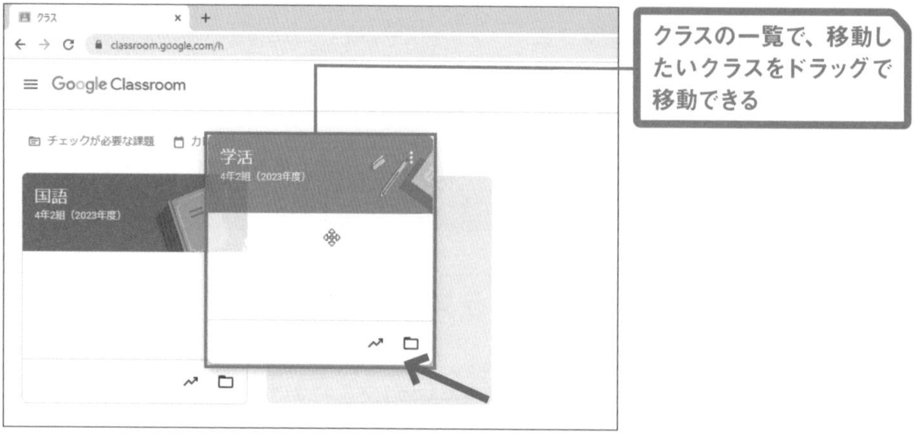

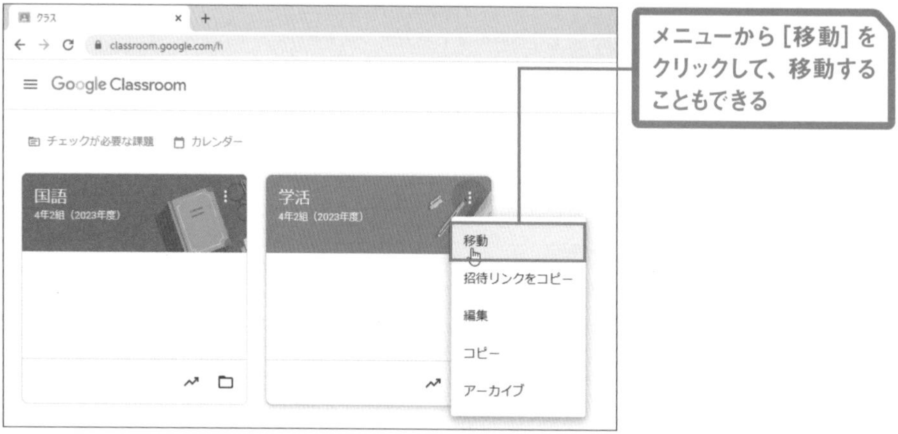

Chapter

3

ストリームで朝の会を始めよう

ストリームを活用すると連絡をもれなく生徒に伝えることができます。生徒からも発信してクローズドなSNS体験を行うこともできます。生徒と一緒に活用していきましょう。

Lesson 16

[ストリームとは]

毎日の連絡やディスカッションでストリームを使ってみよう

このレッスンのポイント

クラスを開くと最初にストリームの画面が表示されます。毎日の連絡に活用して、生徒と一緒にストリームを使う習慣を作りましょう。黒板だと消されてしまう過去の内容もストリームであれば確認でき、ノートなどに書き写す必要がないので話を聞くことに集中できます。

連絡事項をもれなく伝える

朝の会や帰りの会で、提出物の確認や明日の連絡などを生徒に伝えるとき、生徒にうまく伝わらなかった経験がないでしょうか。その時の生徒の体調によって先生の話をうまく聞くことができないこともあれば、聞いていたけれど忘れてしまった、メモを取ることに集中して記憶に残らなかったなど、うまく伝わらなかった原因は様々ですが、ストリームを活用することでいくつかの問題を解決できます。

生徒によっては記憶することが難しかったり、メモを取るのが難しかったりすることがあります。もちろん、先生の話を聞いて理解し素早くメモを取るスキルは大切ですが、聞き取りテストではないので、全員に漏れなく伝えることが重要です。ストリームに連絡事項を流してしまえば、生徒はそれをメモに取ることなく文字情報と一緒に視覚的に理解でき、先生の話を聞くことに集中することができます。家に帰ってからストリームを確認して明日の準備を行うこともできます。

一方で、情報がどんどん流れていってしまいますので、先生が生徒に与える情報量をコントロールしたり、生徒がきちんと端末を開いて確認できる時間を取ったりしながら活用していくことが大切です。必ず確認してほしい内容や提出物は、課題（Lesson27）にして提出させることで誰が確認したのかを一目で把握できる方法もありますので、運用しながら適切な方法を生徒と一緒に考えていきましょう。

教師も連絡事項をメモして教室に持っていく必要がなくなり、いつでもストリームに投稿できるので、伝え忘れがなくなります

欠席の生徒にも伝えられる

端末が家にあれば、生徒は学校を欠席しても同じ連絡を受け取ることができます。毎日ストリームを活用していれば生徒は明日の連絡をそこで確認できることを知っているので、連絡事項を確認したい時にいつでもClassroomを開いて確認することができます。先生自身もいつどの連絡を伝えたのかをいつでも確認することができ、欠席の生徒への連絡も不要になります。係活動を決めたりアンケートを行ったりする時も、生徒が自宅から回答できれば電話して確認する手間が省けます。

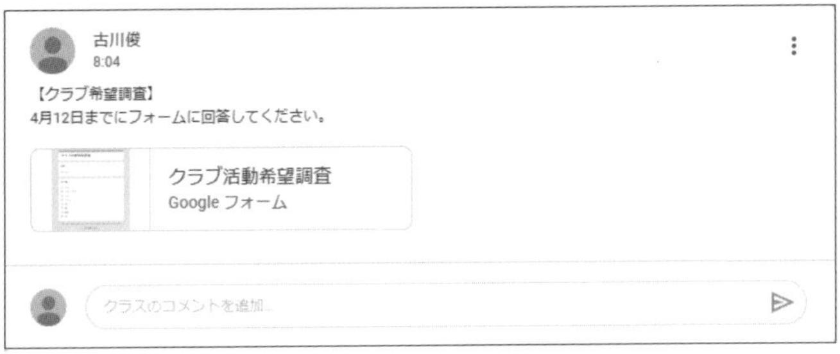
古川俊
8:04
【クラブ希望調査】
4月12日までにフォームに回答してください。
クラブ活動希望調査
Google フォーム
クラスのコメントを追加...

欠席の生徒が自宅で連絡内容を確認できる

ディスカッションの練習ができる

ストリームは投稿に返信ができるので、生徒がコメントを書き込んで質問をしたりディスカッションを行ったりすることができます。ストリームのコメントは制限することもできますが（Lesson21）、クローズドなSNSでのコメントの返信の仕方を学ぶチャンスです。クラス内で意見を出し合いルールを作成していきながら、どのように活用していったらよいのかを生徒と一緒に考えていきましょう。

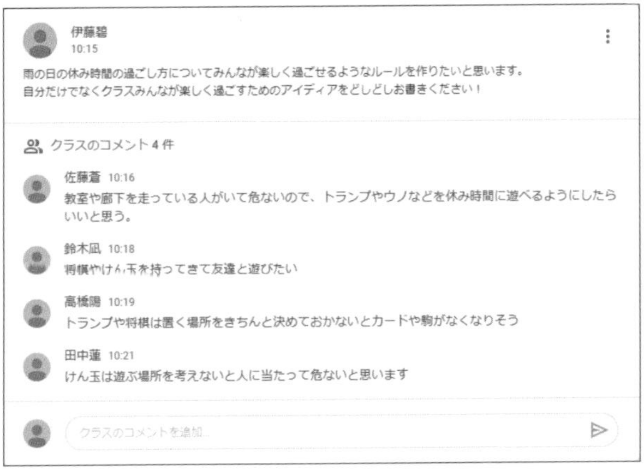
伊藤碧
10:15
雨の日の休み時間の過ごし方についてみんなが楽しく過ごせるようなルールを作りたいと思います。
自分だけでなくクラスみんなが楽しく過ごすためのアイディアをどしどしお書きください！
クラスのコメント 4 件
佐藤蒼 10:16
教室や廊下を走っている人がいて危ないので、トランプやウノなどを休み時間に遊べるようにしたらいいと思う。
鈴木凪 10:18
将棋やけん玉を持ってきて友達と遊びたい
高橋陽 10:19
トランプや将棋は置く場所をきちんと決めておかないとカードや駒がなくなりそう
田中蓮 10:21
けん玉は遊ぶ場所を考えないと人に当たって危ないと思います
クラスのコメントを追加...

時間と場所の制限を受けずに
話し合うことができます

Lesson 17 [ストリームの活用]

ストリームに朝の連絡を投稿してみよう

このレッスンのポイント

ストリームの手始めとして、朝の会や帰りの会の連絡からスタートしてみましょう。これまで黒板に書いたり紙のメモを見ながら話していた内容をストリームに箇条書きで入力します。朝の会が始まったら投稿のボタンを押すだけで、生徒はそれぞれの端末で確認できます。

効率的に連絡しよう

先生が朝の会で生徒に話している内容を箇条書きで入力して投稿してみましょう。テストの予定や提出物など普段伝えていることをそのまま書き込めばOKです。最初はしっかりと確認する時間を取って一緒に確認しましょう。連絡事項を自分のメモに取っていた先生は、この方法で代替することができ、伝え漏れがなくなるでしょう。黒板に翌日の時間割を書いて生徒に写させていた先生は、板書の時間も生徒が書き写す時間も節約できます。できることから早速始めてみましょう。

ストリームに連絡事項を投稿する

1 入力の準備をする

1 **[ストリーム]** をクリックします。

2 **[クラスへの連絡事項を入力]** をクリックします。

クリックした画面の上下が広がって入力が可能になります。

2 連絡事項を入力する

1 連絡する対象を選択します。

ここでは生徒全員に連絡するので、初期設定のままとします。

2 連絡事項を入力します。

改行やスペースを使って見やすく入力します。

3 **[投稿]** をクリックします。

投稿を取り消す場合は **[キャンセル]** をクリックします。

3 投稿内容を確認する

1 投稿内容を確認します。

生徒にも同じように表示されます。

ワンポイント 投稿内容を変更するには

投稿した内容を編集したり削除したりする場合は、投稿の右上に表示されたメニューをクリックして、[編集] [削除] などをクリックします。

[最上部に移動] から投稿の最上部に表示させることや、[リンクのコピー] でその投稿内容をリンクから確認することもできます。

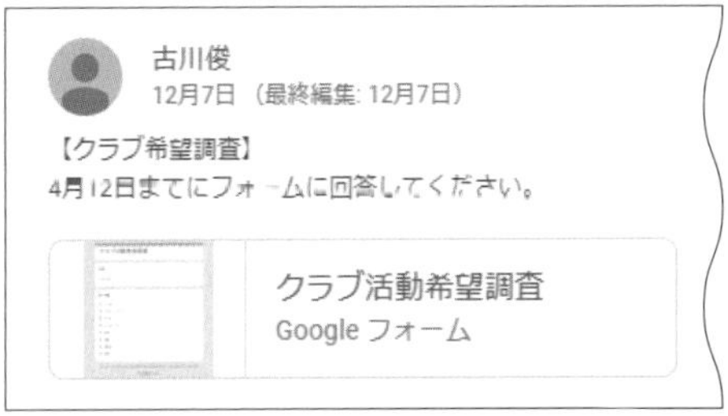

投稿後にここをクリックすると内容の編集や削除ができる

Lesson 18

[ストリームの活用]

文字の書式設定と予約投稿を試してみよう

このレッスンのポイント

期限や場所などの重要なキーワードを太字や斜体にしてより伝わりやすく書式設定でき、日時を指定して自動でストリームに投稿できます。書式設定と予約投稿を組み合わせて、連絡事項をいつも決められた時刻に分かりやすく生徒に伝えられます。

投稿した内容を書式設定で読みやすくする

文字を入力したら、その文字を選択して［太字］［斜体］［下線］［箇条書き］を試してみましょう。設定した書式を元に戻したいときは、その文字を選択して同じ書式をもう一度選択します。全ての書式をなしにしたい場合には一番右側の［書式をクリア］を選択しましょう。

時間割変更は斜体にするなど、先生の中でルールを決めて毎回運用することで、生徒からみた時に分かりやすいものとなります。最初に決まっていないといけないものではありませんので、生徒にとってより分かりやすく伝わりやすいものに、運用しながら書式設定しましょう。

書式設定を行う

1 投稿に書式設定を追加する

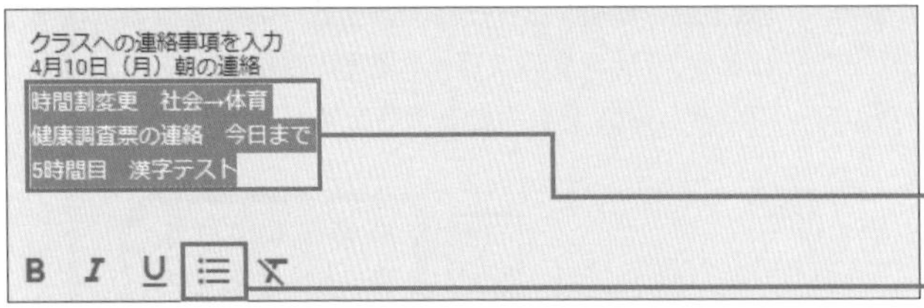

1 箇条書きにする範囲を選択します。

2 **［箇条書き］**をクリックします。

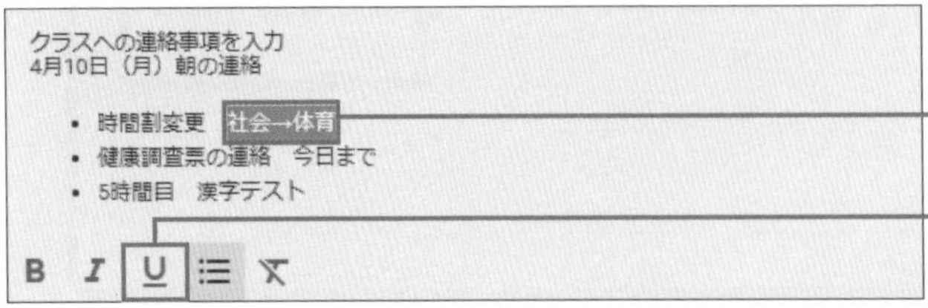

3 下線を引く範囲を選択します。

4 **［下線］**をクリックします。

2 続けて書式を設定する

1 太字にする範囲を選択します。

2 **[太字]** をクリックします。

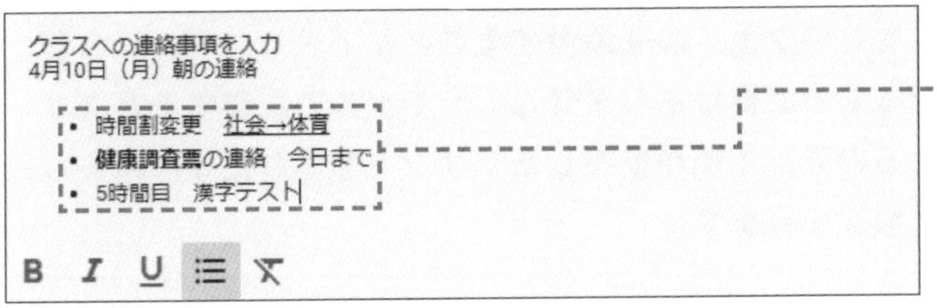

複数の書式が設定されました。

設定した書式を取り消したい場合は、書式が設定された範囲を選択して、同じ書式をクリックすると元に戻ります。

予約投稿で投稿し忘れを防ごう

予定した時刻に投稿してくれる大変便利な機能があります。[投稿] の右の▼をクリックすると、[予定を設定] と [下書きを保存] が表示されます。下書きに保存しておいて好きなタイミングで手動で投稿することもできますし、あらかじめ日時を設定しておいて自動で投稿することもできます。事前に次の日の連絡事項を記入しておいて、予定の時刻になったらストリームに表示できるので、生徒は登校した順に内容を確認することができます。朝や帰りに必ずストリームを確認するように習慣化されていれば、黒板に書いておいたり、口頭で説明したりせず、一日の流れや提出物を確認することができます。

予定を設定する

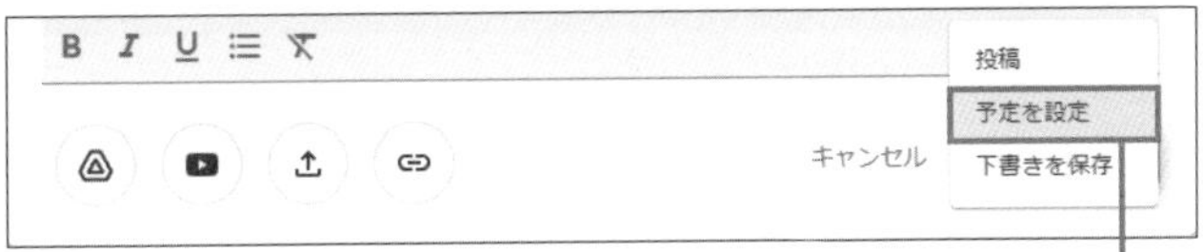

1 予定機能を使う

投稿内容を入力しておきます。

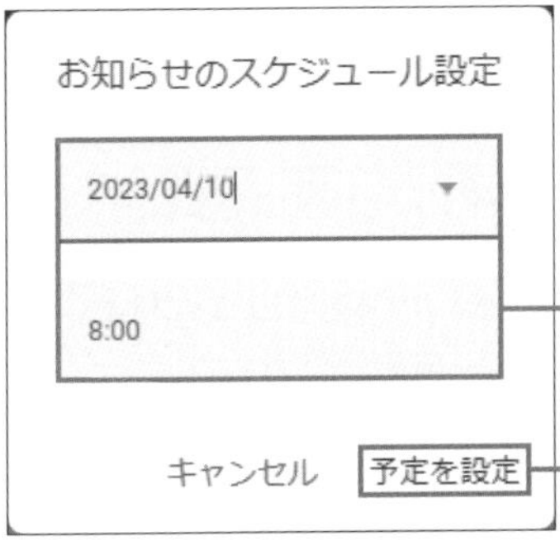

1 **[投稿]** の右の▼をクリックします。

2 **[予定を設定]** をクリックします。

3 日時を入力します。

4 **[予定を設定]** をクリックします。

Lesson 19 ［ストリームの活用］

ファイルを添付してみよう

このレッスンのポイント

画像やフォームなどのファイルを添付することができるので、紙の資料を印刷して配布する必要はありません。デジタルで配布するとプリントが整理されるので、生徒が配布したプリントを忘れたり、紛失したりする心配はなくなります。

ファイルやリンクを投稿に添付する

ストリームにはドライブにある資料やYouTubeの動画、パソコン上にある資料やリンクなどを添付して投稿できます。座席表を画像にして追加したり、クラスの様子を写真に撮ってアップロードしたりといったことに活用できます。整理整頓できているクラスの様子を切り取ってお手本として提示することで、その状態をキープしようと努力しますので、児童生徒やクラスの良いところを見つけたらぜひ写真を撮って投稿しましょう。PDFやフォームなども添付できますので、興味がある人だけ読んでほしい資料を添付しておいたり、フォームを添付して回答してもらったり様々な使い方ができます。

投稿にファイルを添付する

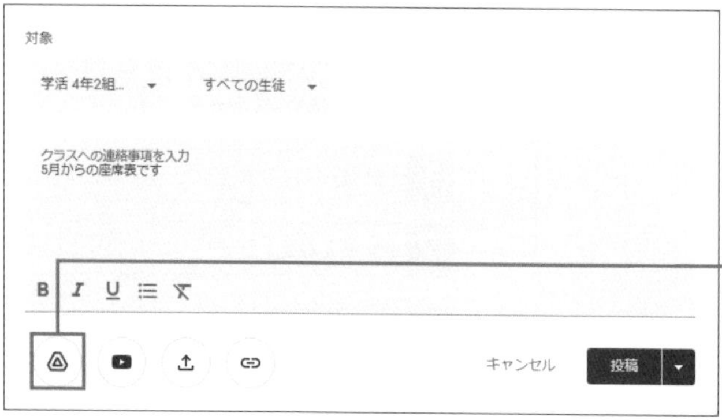

1 ファイル添付画面を表示する

投稿内容を入力しておきます。

1 **［ドライブ］**をクリックします。

投稿内容を入力する前に**［ドライブ］**をクリックしてもかまいません。

2 ファイルを添付する

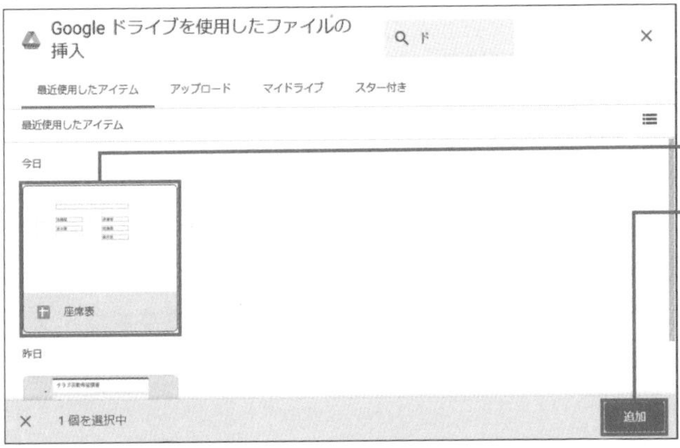

1 添付したいファイルをクリックします。

2 [追加] をクリックします。

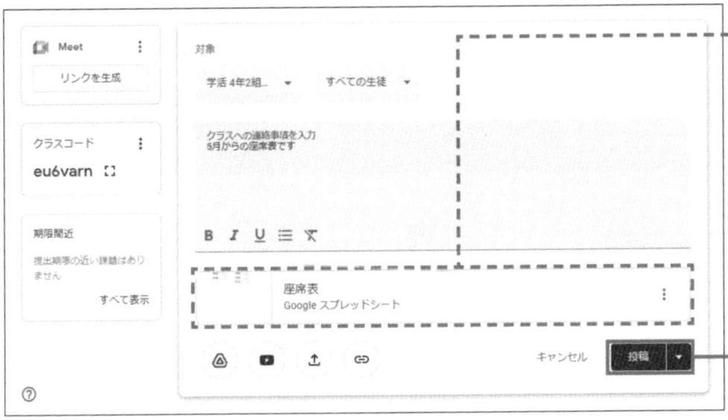

ファイルが添付されました。

内容を変更したい場合は右側のメニューをクリックします。

3 [投稿] をクリックします。

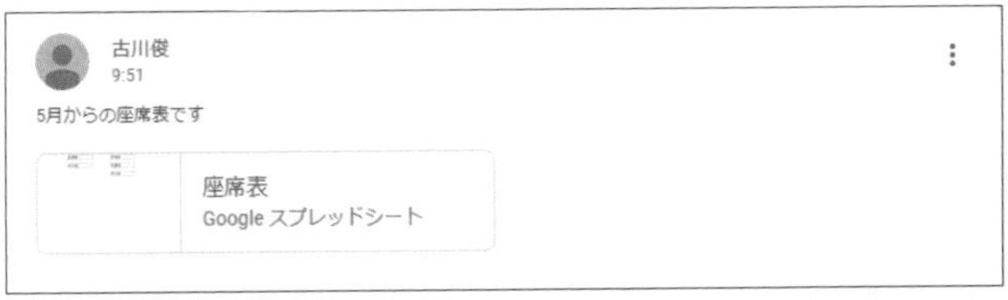

ファイルを添付した投稿がストリームに表示されました。

ワンポイント 添付ファイルの権限を確認しよう

添付した資料は自動でクラスの教師に編集権限、生徒に閲覧権限が付与されますので、権限を付け忘れたりする心配はありません。権限を確認したいときには、Googleドライブから確認したいファイルを右クリックして「共有」を選択すると右のような画面が表示されます。こちらから権限を変更することもできます。

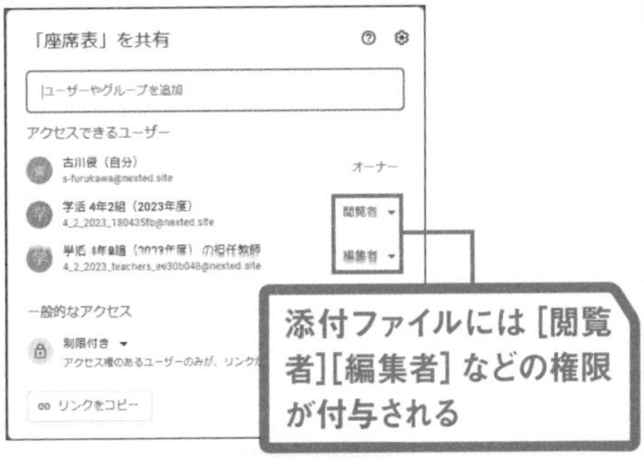

Lesson 20

[生徒画面(ストリーム)]

ファイルごとの画面表示を確認しよう

このレッスンのポイント

同じ内容でも添付するファイルの種類によって生徒の見え方が変化します。クリックせずに見えるようにするのか、編集ができるようにするのか、生徒にどのように見せてどんな操作をしてほしいかを確認して投稿しましょう。

添付されたファイルを開くには

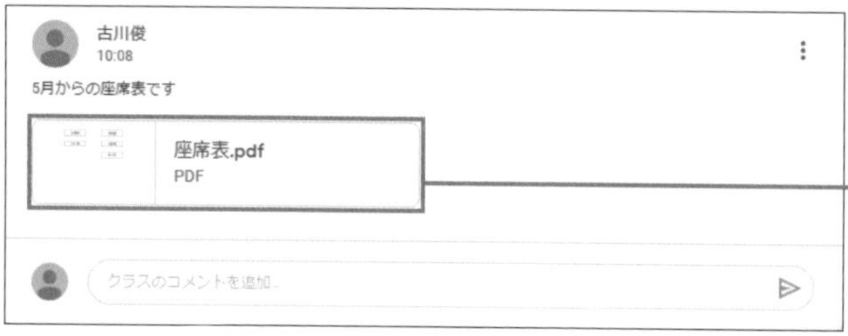

1 添付ファイルを開く

1 投稿に添付されたファイルをクリックします。

ファイルの種類によって画面の表示が変わります。

▶ PDFファイルの場合

PDFファイルの場合は、背景が黒色になって前面に表示される

ストリームに戻るには［戻る］をクリックする

内容の拡大・縮小をここで行うことができる

▶スプレッドシートの場合

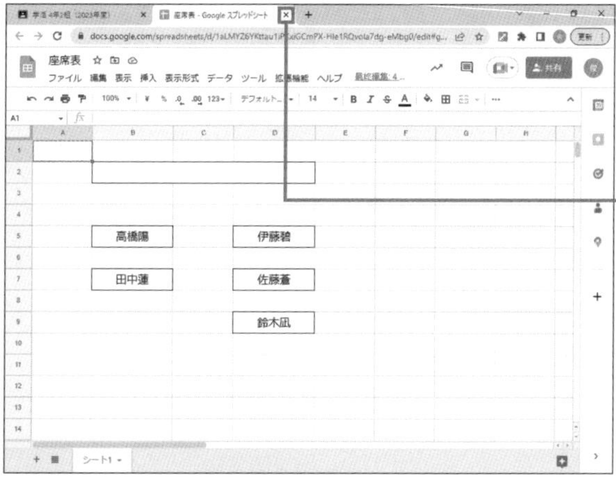

スプレッドシートの場合は新しいタブが追加されてファイルの内容が表示される

ストリームに戻るにはここをクリックしてタブを閉じる。変更内容は自動的に保存される

ドキュメントやスライドの場合も同様に、新しいタブで開かれる

▶画像ファイルの場合

画像ファイルの場合はストリームの画面で内容が表示される

画像ファイルをクリックするとさらに拡大表示される

画像以外の部分をクリックするともとの表示に戻る

Lesson 21 [権限の設定]

生徒もストリームを活用できるようなルールを作ろう

このレッスンのポイント

ストリームでは生徒の投稿の権限を設定できます。最初は制限が必要な場合もありますが、クラス内でどのように活用していったら良いのか意見を出し合い積極的に活用していきましょう。ルールを作ることを目的とせず、プロセスを大切にしましょう。

投稿の権限を確認する

1 [クラスの設定]画面を表示する

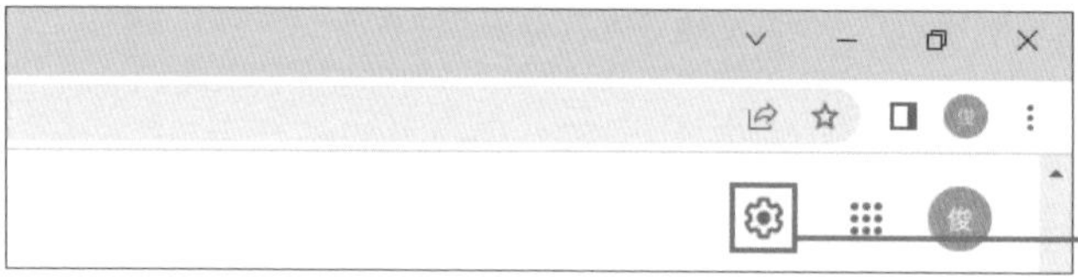

1 ここをクリックします。

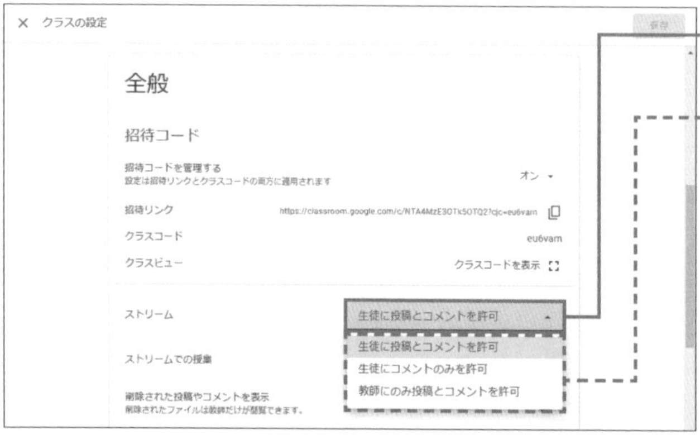

2 ここをクリックします。

[ストリーム]に投稿する際の権限が設定できます。

権限の種類	内容
生徒に投稿とコメントを許可	初期設定ではこの設定になっており、生徒はストリームに投稿したり、任意のアイテムにコメントしたりできます。
生徒にコメントのみを許可	生徒は既存の投稿にコメントできますが、投稿を作成することはできません。
教師にのみ投稿とコメントを許可	生徒は投稿もコメントも行えません。このオプションを選択すると、すべての生徒がミュートされます。

投稿のルールを作ろう

ストリームはクラスでルールを決めて活用していきましょう。ルールを決めるまで、生徒の投稿できる権限は制限してもよいと思いますが「使うと問題が起こるので、制限したままにしよう」といった考えは捨てましょう。どんなトラブルが起こりそうか事前にクラスで話し合い、そうならないための方法について議論するべきです。どんなに議論を重ねても何らかのトラブルは起こるものですが、制限をかけたままでは課題の先送りにしか過ぎません。トラブルが起こったらそれをチャンスと捉え、話し合いを深めていきましょう。最初に決めたルールは実態に合わせて変更していきましょう。

学活 4年2組（2023年度）
classroom.google.com/c/NTA4MzE3OTk5OTQ2
4年2組（2023年度）
期限間近
提出期限の近い課題はありません。
すべて表示
クラスへの連絡事項を入力
伊藤碧
10:15
雨の日の休み時間の過ごし方についてみんなが楽しく過ごせるようなルールを作りたいと思います。
自分だけでなくクラスみんなが楽しく過ごすためのアイディアをどしどしお書きください！
クラスのコメント 4 件
佐藤蒼 10:16
教室や廊下を走っている人がいて危ないので、トランプやウノなどを休み時間に遊べるようにしたらいいと思う。
鈴木凪 10:18
将棋やけん玉を持ってきて友達と遊びたい
高橋陽 10:19
トランプや将棋は置く場所をきちんと決めておかないとカードや駒がなくなりそう
田中蓮 10:21
けん玉は遊ぶ場所を考えないと人に当たって危ないと思います

ストリームについてのルールを生徒と話し合うことで、SNSで発言する際のマナーや注意点についての学びを深めることができる

SNSを活用できるように、オンラインのコミュニケーションやマナーを生徒と一緒に考えていきましょう

ワンポイント 削除されたコメントを確認するには

クラスの設定で［削除された投稿やコメントを表示］にチェックマークをつけることで、生徒が送信したメッセージはその後で削除されても教師のアカウントでのみ表示され、内容を確認することができます。

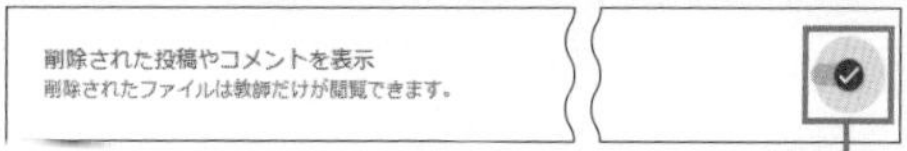
削除された投稿やコメントを表示
削除されたファイルは教師だけが閲覧できます。

ここをクリックしてチェックマークをつけると、削除された投稿やコメントを教師のみ閲覧できる

Lesson 22

[活用事例]

学校を超えて交流できる！札幌市立定山渓小学校の活用事例

このレッスンのポイント

札幌市立定山渓小学校平間健介先生のClassroom活用事例を紹介します。平間先生はGoogle認定トレーナー/コーチの資格をお持ちで、Classroomを学校を超えての交流に活用していらっしゃいます。このような学校を超えた交流が今後どんどん実現されていくことでしょう。

寄稿：平間健介

交流のきっかけ

私の学校では2021年からオンラインの交流学習を開始しました。ZoomやGoogle Meetなどを活用して市内だけでなく、道外の自治体の学校とも交流の輪を広げてきました。今回は特別支援学級で行ったGoogle Classroomを活用した学校間交流をご紹介します。

Google Meetで交流していると、普段の学校生活の中で「交流で話題になった給食が出たから写真を送りたい！」「このとても大きな野菜を見せたい！」といった声が子どもたちから出てきます。しかし、授業時間や行事の日程が異なり調整が必要なことから、交流は多くても月に1回程度しかできませんでした。児童が日常的に気軽にやり取りをできる場を作りたかったのですが、メールは制限されていて使用できず、児童同士のやり取りを見ることができない不安もありました。

そこで、Google Classroomを交流先の学級と共同で作成して、児童がストリームへ投稿して普段の出来事や写真を送ることができるようにしました。

写真を使って気軽にやり取りができる

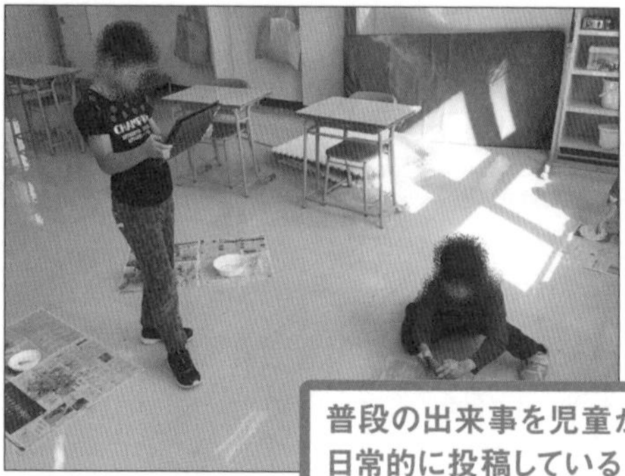

普段の出来事を児童が日常的に投稿している

Classroom交流で分かったこと

交流を始める前に、担当教師が話し合って、学校間の交流のルールを決めました。個人情報の取り扱いやClassroomの活用方法などを事前に確認しておくことで安心して交流をすすめることができます。さらに、各学級で情報モラルに関する授業を行いました。基本的なことですが「相手を傷つけることを送らない」ということを中心に指導しました。
また、児童がGoogle Classroomに自由に投稿してトラブルになったらどうしようという不安をお持ちの方もいると思います。その時はClassroomの設定で児童の投稿を制限することができます。投稿するタイミングを決めて制限を解除することで投稿の内容を事前に確認できたり、不適切な投稿にすぐに気が付いたりできます。
さて、交流が始まると各学校のタイミングでストリームへ投稿をします。今回は交流先の学級もひまわりを育てていたので互いにひまわりの成長の様子を送ることにしました。相手の学級の投稿を見て、ひまわりの成長の様子やその大きさを見て驚きます。子どもたちがさらに喜んでいたのは自分の投稿にコメントをもらえた時です。「大きくなったね！すごいね！」といったコメントに声をあげて喜びます。オンラインでも頑張りを褒めてもらい、認めてもらうことで次の活動への原動力につながっていきます。

交流を深める・広げる

Google Classroomで交流をさらに深めていきたいのですが、子どもたちはなにか物足りなさを感じていました。そのタイミングでMeetで交流をすると、子どもたちは楽しそうに相手の発表を聞き、自分たちの発表をします。やはり、顔を見ながらの交流は子どもたちにとって大切だということがわかりました。
日常的な交流の場としてGoogle Classroomと、発表や話し合いの場としてGoogle Meetの２つの交流を組み合わせて使うことでより充実した交流をすることができました。今回は特別支援学級で育てたひまわりを中心とした交流の事例を紹介しましたが、小学校と中学校が交流することで、小学生が中学校の様子を知ることができ、「中一ギャップ」の解消につながったり、他の自治体と交流をすることで気候や文化の違いを知ることができると思います。まずはできるところから始めてみてください。
なお、他の自治体や学校設置者と共同でGoogle Classroomを作成する場合には管理者によって制限がかけられていることもあります。その場合には、管理者に相談をしてみてください。

COLUMN

投稿を選んで最上部に表示するには

ストリームを活用すればするほど、情報がどんどん流れていってしまいます。最も新しい投稿が一番上に表示されるようになっていますが、過去の投稿をもう一度一番上に表示させたい場合には、投稿の右上のメニューをクリックして[最上部に移動]をクリックしましょう。朝の連絡をもう一度最上部に表示させたり、ディスカッションの続きを始めるのに最上部に移動させたりすることができます。

最上部に表示したい投稿のメニューをクリックして、[最上部に移動]をクリック

選択した投稿が最上部に表示される

Chapter 4

時間をかけずに授業の準備をしよう

教材研究に多くの時間を費やせるよう、教材の作成や印刷にかかる時間を削減していきましょう。一人ひとりの声が聴こえる授業デザインを！

Lesson 23

[授業ページ]

授業準備を効率よく終えて授業デザインに時間をかけよう

このレッスンのポイント

Classroomは授業の準備にかける時間を大幅に減少させます。印刷する必要はなくなり、時間になると生徒に課題を与えてくれます。どんなことができるのかを知り、自分の教科や学校に当てはめて、できるところから少しずつ実践を進めていきましょう。

授業の準備に時間がかかっていませんか？

教材研究に多くの時間を費やすことは、自らのスキルを上げるために、子どもたちの学習をより良いものにするために大変素晴らしいことです。しかし、教科書や問題集をコピーして切り貼りしたり、それを印刷して準備したりすることは無駄な時間といえます。

私はかつて、一週間分の授業準備を前の週に行っていました。授業中の課題プリント、演習用のプリント、早く終わった生徒用のプリントなど毎時間2~3枚印刷すると相当な量になり、机の上には置いておけないので印刷が終わったら教室に持っていっていました。一週間まとめて行っていたので印刷にかける時間は多くなかったと思いますが、それでも1時間程度はかかっていました。

Classroomを活用できるようになってからは、印刷やそれを教室に持っていき配布する手間や時間がなくなりましたし、プリントを忘れた子の対応も必要なく、授業をどのようにデザインするかに時間を割くことができるようになりました。

教科書に沿ってただ知識を教え込むだけの授業は、情報化社会が進み、Society 5.0を迎える今日、もう必要とされていません。教科書に書いてある内容を黒板に写して説明する授業から、生徒が課題を考えてその解決方法を友達や先生と一緒に考えていく授業へ変化していくことでしょう。

まずはできるところから始めていけば大丈夫です。現状維持では後退するばかりですので、最もできそうなところから一歩を踏み出してみてください。アナログでもできることをデジタルに置き換えるだけで良いです。変化を加えることは抵抗があったり一時的に負担になったりするかもしれませんが、Classroomは確実に先生の仕事を減らしてくれます。その「代替」の一歩を少しずつ進めていくことが大変重要です。その積み重ねがデジタルでもできることからデジタルでしかできないことへと授業を変えていくことでしょう。

できることから
始めましょう！

課題作成・採点返却などを効率化！

課題を作成して生徒に割り当てて、提出されたら採点し、コメントを入れて返却を行うまで全てこの授業ページの中で行うことができます。[課題] の他にも、簡単な問いを投げかけて集計結果を見せられたりコメントし合えたりできる [質問]、Googleフォームを添付して自動採点と自動フィードバックを可能にする [テスト付きの課題]、PDFやYouTubeなどを添付し提出を求めない [資料] があります。このChapterでは [資料] と [課題] について説明していきます。

授業に必要なものをクラス単位で効率的に作成できる

ワンポイント [資料]と[課題]の違いを確認しよう

教師が [資料] や [課題] を作成すると生徒が閲覧することができます。特に提出の必要がなく、参考としてファイルや動画を添付したい場合には [資料] を選択しましょう。それに対して、閲覧したかどうかを確認したい場合や、提出物を提出させたい場合には [課題] を選択します。[課題] では、点数や期限、ルーブリックを設定できます。

	資料	課題
対象の選択	○	○
点数の設定	×	○
期限の設定	×	○
トピックの設定	○	○
ルーブリックの設定	×	○

Lesson 24 [資料の作成]

これまでに作成したプリントで[資料]を作成しよう

このレッスンのポイント

[資料] 用に新しく授業のプリントを作り直さなければならないわけではありません。これまでに作成した問題や授業のプリントもPDFとして投稿できます。配布したプリントが整理されて生徒がいつでも閲覧できますのでまずはここから試してみましょう！

PDFをアップロードする

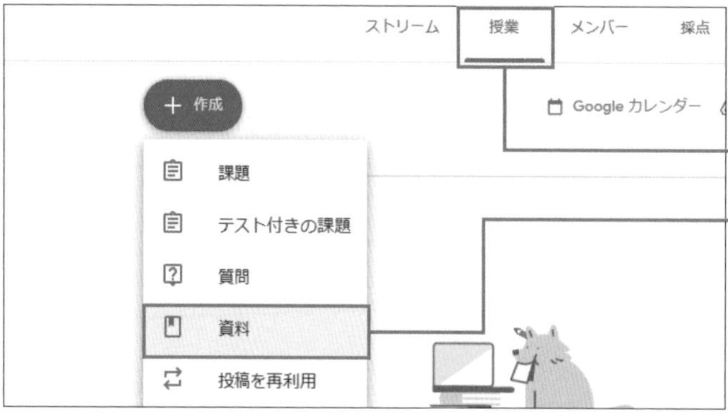

1 [授業]ページで資料を作成する

1 [授業] をクリックします。

2 [資料] をクリックします。

[資料] の作成画面が表示されます。

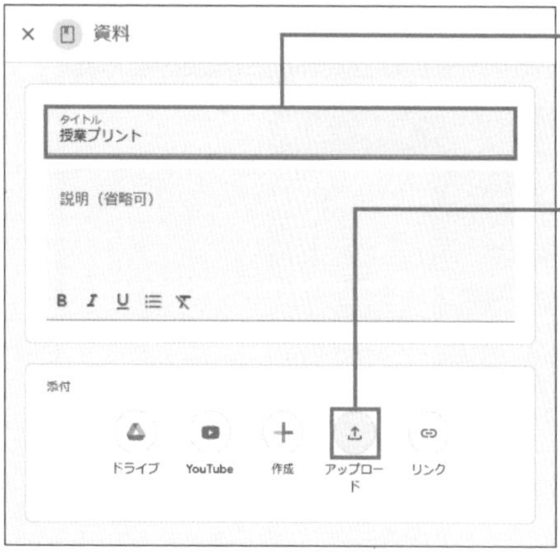

3 [授業プリント] と入力します。

4 [アップロード] をクリックします。

これまでに作成した問題や参考資料をパソコンからアップロードできます

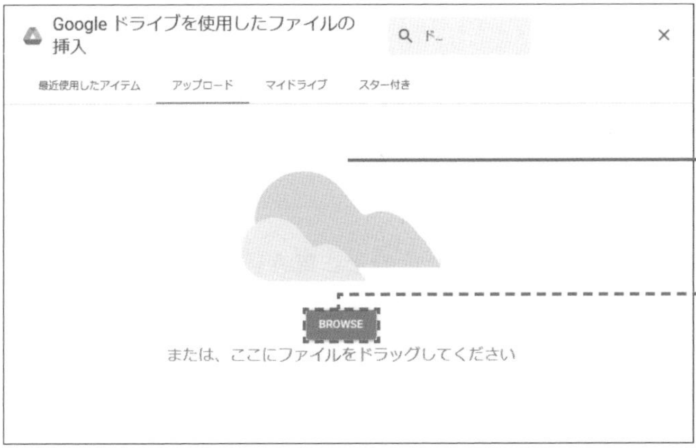

2 ファイルをアップロードする

1 PDFファイルをここにドラッグします。

[BROWSE]をクリックすると、エクスプローラーでファイルを選択できます。

2 ファイルをアップロードすると画面が閉じます。

[授業]ページに投稿する

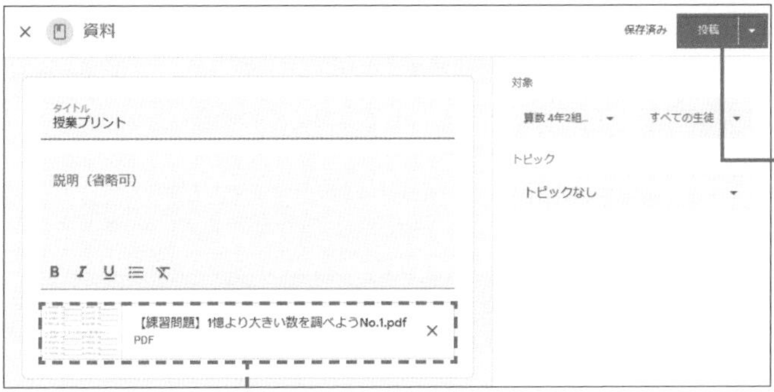

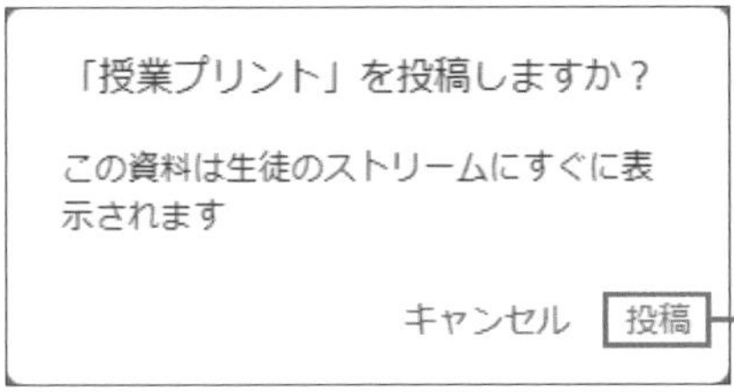

1 資料を投稿する

1 **[投稿]**をクリックします。

[対象]からクラスや生徒を選択することができます。クラスを追加したり、個別の生徒に課題を割り当てることも可能です。

アップロードしたファイルはここに表示されます。

投稿内容を確認する画面が表示されます。

2 **[投稿]**をクリックします。

資料が投稿されました。

同じ手順で追加してアップロードできます。

画像やYouTubeのリンクなどもアップロードできます。

Lesson 25 [資料の活用]

Jamboardで問題に書き込もう

このレッスンのポイント

PDFの資料を添付するだけでなく、その上に書き込みたいという場合にはJamboardというアプリを使ってみましょう。手書きで書き込むことができるので、そのまま添付して黒板やノートの代わりに使ったり、付箋を使ってアイディア出ししたりすることができます。

Jamboardに問題を背景として設定しよう

Jamboardは画像を挿入することができ、その上に書き込みを行うことができます。挿入した画像は背景として設定しておくことで、移動や消去をしてしまうことがなくなりますので、ぜひこのLessonの手順で背景に設定しておきましょう。背景用の画像は、作成した問題をスクリーンショットなどで画像データ（jpegやpng）にして保存しておきましょう。

Jamを新しく作る

1 Jamboardを起動する

1 **[Googleアプリ]** をクリックします。

2 **[Jamboard]** をクリックします。

3 画面右下の **[新しいJam]** をクリックします。

2 Jamの名前を設定する

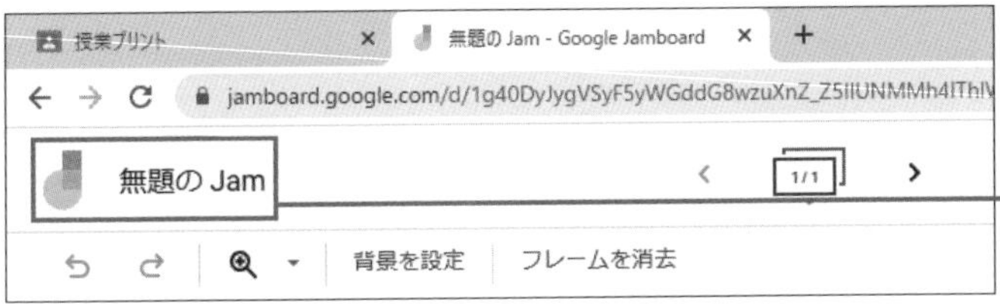

1 **[無題のJam]** をクリックします。

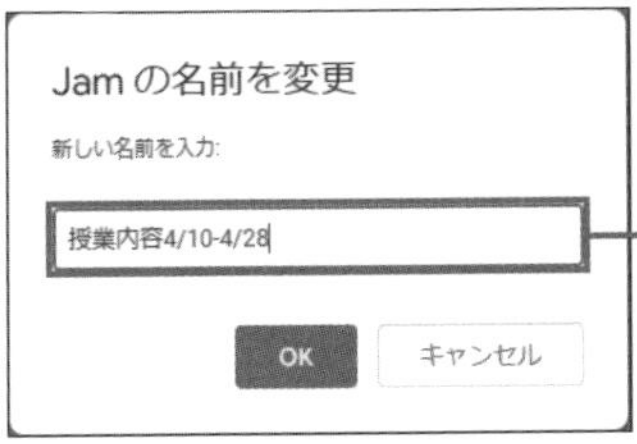

[Jamの名前を変更] 画面が表示されます。

2 授業名を入力します。

使用する期間を入力すると便利です。

3 背景を設定する

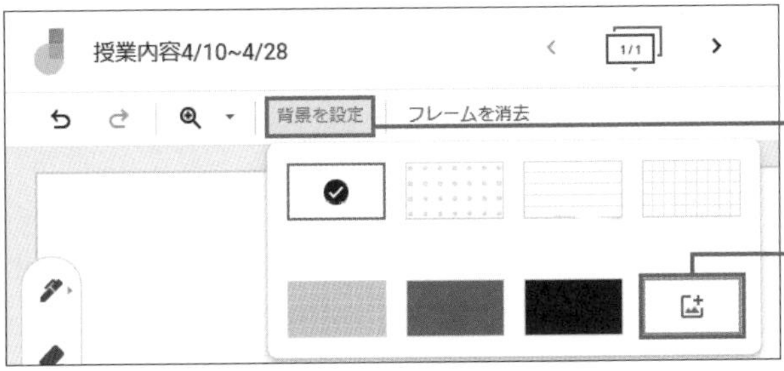

1 **[背景を設定]** をクリックします。

2 **[画像]** をクリックします。

3 画像ファイルをここにドラッグします。

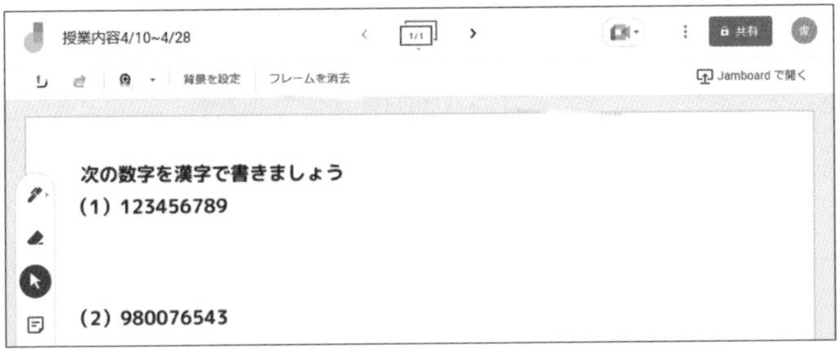

Jamboardの背景が画像になりました。

タブレットの手書き機能で描き込んだり、テキストボックスに文字を入力したりできます。

Lesson 26 ［資料の活用］

Jamboardを黒板代わりに使おう

このレッスンのポイント

黒板をJamboardに代替することで、前回までの学習の履歴を残しておくことができます。あらかじめ教科書の問題を貼り付けておいたり図を書いておいたりすることができるので、先生が黒板を向いている時間が少なくなり生徒の個別の支援ができる時間が増えます。

いつでも振り返りができる板書として使う

Jamboardを新規作成してClassroomに［資料］として投稿すれば、自動で生徒に閲覧権限と副担任に編集権限が付与されます。先生は黒板ではなくJamboardに授業の内容を書き進めていくことで、授業の記録が溜まっていきます。板書が残っているので、前回の授業の続きから始めたり以前に学習した内容を簡単に振り返ることができます。また、座席によって板書の内容が見えづらかったり先生と重なって見えなかったりすることはありません。黒板は資料やヒントを掲示したり、何時までに問題を解くのか補足的に使用することができます。一つのJamboardに20ページまで追加でき、コピーも簡単にできるので、いろいろな考え方を示したり、インターネットで画像を検索して貼り付けたりすることが容易です。この方法は普段の授業でも有効に活用できますが、学級閉鎖や学校閉鎖になった時でもJamboardを黒板の代わりとして書き込みながら授業を進めることができます。

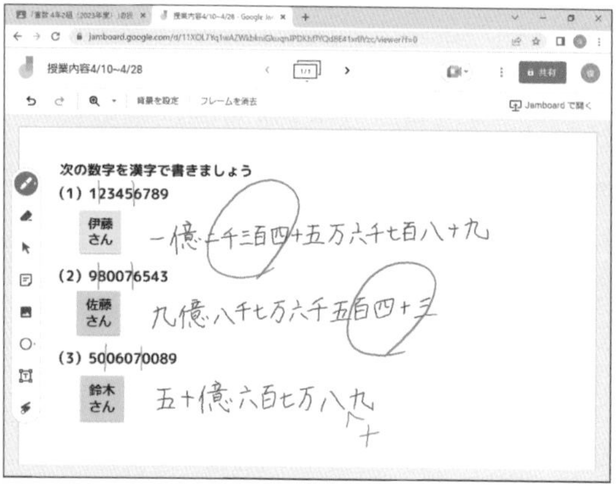

板書の内容を残しておいて、次の授業に引き継ぐことができる

右上の［共有］から生徒に［編集権限］を与えると書き込みができるようになります。授業が終わったら内容が変更できないように［閲覧権限］に戻しておきましょう！

Jamboardを資料として添付する

1 Jamboardを追加する

Lesson24を参考にアップロード画面を表示しておきます。

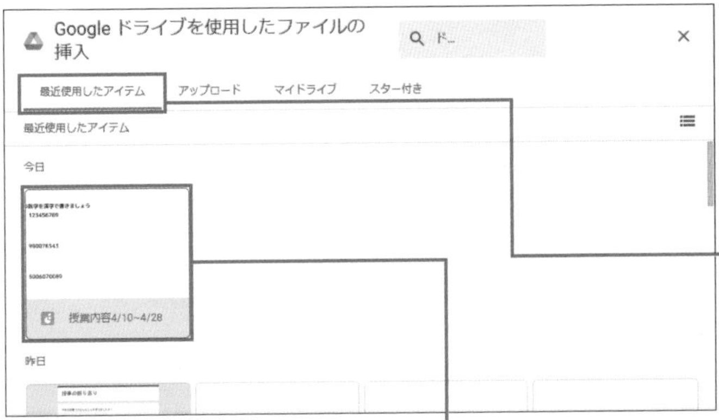

1 **[最近使用したアイテム]** をクリックします。

[マイドライブ] をクリックしてもファイルを表示できます。

2 Jamboardファイルをクリックします。

3 **[追加]** をクリックします。

Jamboardが添付されました。

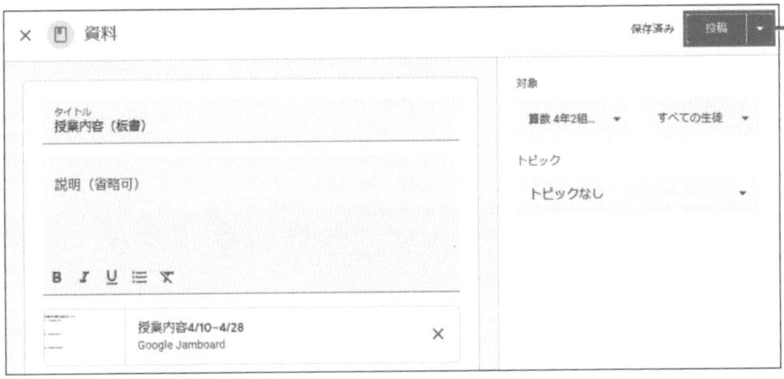

4 **[投稿]** をクリックします。

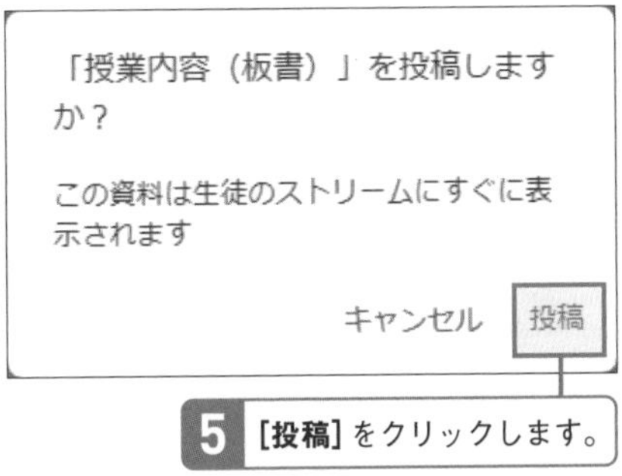

5 **[投稿]** をクリックします。

黒板に書いた内容は毎時間消されてしまいますが、Jamboardを活用することで、前のページに戻って既習事項を確認したり、コピーして新しく貼り付けたりしながら授業を進めることができます

Lesson 27

[課題の作成]

生徒が提出できる［課題］を作成しよう

このレッスンのポイント

［課題］は［資料］と違って生徒が閲覧するだけでなく、提出できるようになります。回収が必要ないプリントは［資料］に、問題などの提出が必要なプリントは［課題］に代替するイメージです。ドキュメントやJamboardを用意して記入する場所を作ってあげましょう。

[課題]は生徒が回答して提出する

［課題］は［資料］とは異なり、期限や点数を設定することができ（Lesson29）、生徒が提出を行うことができるようになります。またドキュメントやJamboardなどのファイルを添付した際に［生徒がファイルを閲覧できる］［生徒がファイルを編集できる］［各生徒にコピーを作成］から選択して割り当てることができます。何も添付せずに課題を出して写真を撮って提出をさせることもできますので、作った作品やノートを写真に撮って提出してもらい、提出物のチェックなどを行うことができます。今回はJamboardを添付して［各生徒にコピーを配布］の権限に設定する手順を紹介します。

課題を新しく作る

1 課題の画面を表示する

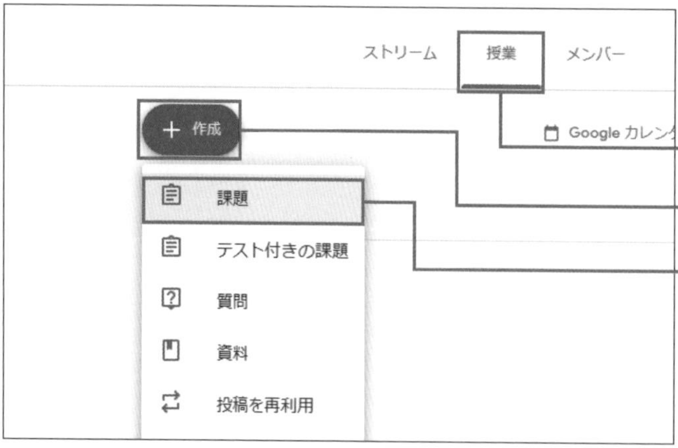

1 ［授業］をクリックします。

2 ［作成］をクリックします。

3 ［課題］をクリックします。

［課題］の作成画面が表示されます。

2 内容を作成する

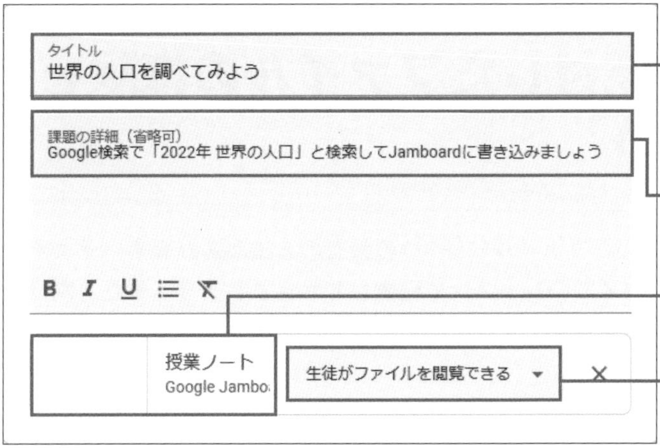

1 **[タイトル]** を入力します。

2 **[課題の詳細]** を入力します（省略可）。

3 Lesson26を参考に、Jamboardを添付します。

4 ここをクリックします。

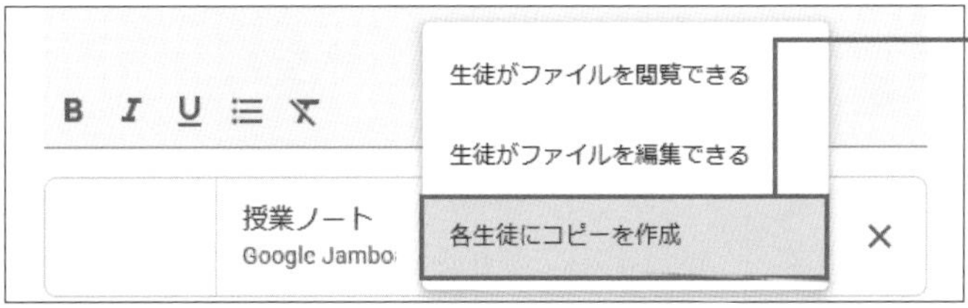

5 **[各生徒にコピーを作成]** をクリックします。

各生徒がそれぞれのノートに書き込みをできるように、コピーを作成します。

6 **[割り当て]** をクリックします。

[対象] からクラスや生徒を選択することができます。クラスを追加したり、個別の生徒に課題を割り当てることも可能です。

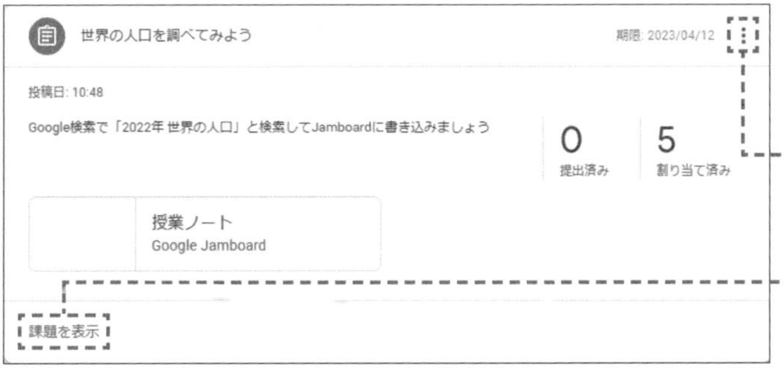

7 **[課題]** が **[授業]** ページに表示されました。

ここをクリックすると内容を編集できます。

ここをクリックすると詳細を表示できます。

Lesson 28

[課題の作成]

[課題] に添付したファイルの権限を確認しよう

このレッスンのポイント

[課題] に添付したファイルには3つの共有の方法があります。それぞれの違いについてこのレッスンで確認しておきましょう。また、割り当て後に権限の変更ができるものとできないものがありますので注意してください。

3つの共有方法の違いを確認しよう

教師が持っているファイルに対して、生徒に編集権限か閲覧権限を選択して割り当てることができます。また、[課題] では [各生徒にコピーを作成] を行うことができ、30人の生徒がクラスに所属していれば、30個分コピーされて一人ひとりが編集できるように配布されます。

共有の種類	権限
生徒がファイルを閲覧できる	生徒はファイルを閲覧できますが、編集することはできません。
生徒がファイルを編集できる	複数の生徒が同じファイルを共有し、各生徒がその共有ファイルを編集できます。
各生徒にコピーを作成	各生徒は自分用のファイルのコピーを受け取り（ドキュメントのタイトルに自分の名前が追加される）、編集することができます。

▶生徒がファイルを閲覧できる

ファイルの内容は閲覧できるが編集はできない

▶生徒がファイルを編集できる

同一のファイルに対して編集ができる

▶各生徒にコピーを作成

それぞれの生徒にファイルを複製して配布する

割り当て後に権限を変更するには

[課題]の割り当て後も[タイトル][課題の詳細][点数][期限]などは変更を行うことができます。添付したファイルについては割り当てた後に変更できないものがありますので、権限については十分確認してから割り当てるようにしましょう。[各生徒にコピーを作成]に設定した場合には、割り当て時に生徒分コピーが作成されるので、閲覧権限や編集権限に変更することはできません。[生徒がファイルを閲覧できる]や[生徒がファイルを編集できる]に設定した場合には、コピーを作成に変更することはできませんが、閲覧権限と編集権限への変更は割り当て後も可能です。

課題を編集する

1 課題の編集画面を表示する

1 ここをクリックします。

2 **[編集]**をクリックします。

課題の編集画面が表示されました。

タイトルや内容を編集することができます。

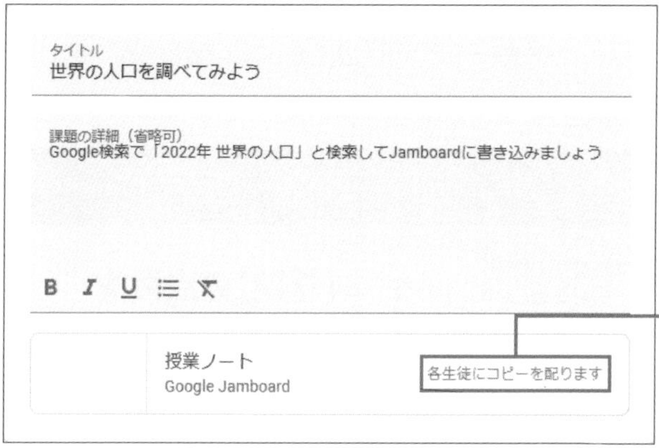

3 ここをクリックします。

[各生徒用にコピーを作成]の場合は変更できません。

4 **[生徒がファイルを閲覧できる]**をクリックします。

[生徒がファイルを編集できる]をクリックしても権限を変更できます。

5 **[保存]**をクリックします。

Lesson 29 [課題の作成]

[課題] に点数と期限を設定しよう

このレッスンのポイント

[課題] には点数と期限を設定でき、設定した点数と期限は生徒画面にも表示されます。期限は設定しておくことでカレンダーと連携して自動で表示されるので、生徒は複数の[課題] があっても期限を一覧で確認できます。

点数と期限を生徒に知らせる

点数は任意の整数を設定するか [採点なし] にすることができます。観点別評価など複数の基準で評価を行いたい場合にはルーブリック (Lesson65) を設定することもできます。

期限を設定しておくとカレンダーに表示されたり、生徒にリマインダーを送ることができたりします。生徒は期限を過ぎても提出はできますが、期限後の提出と表示されます。

課題の点数と期限を設定する

1 [課題]の点数を設定する

[課題] を作成しておきます。

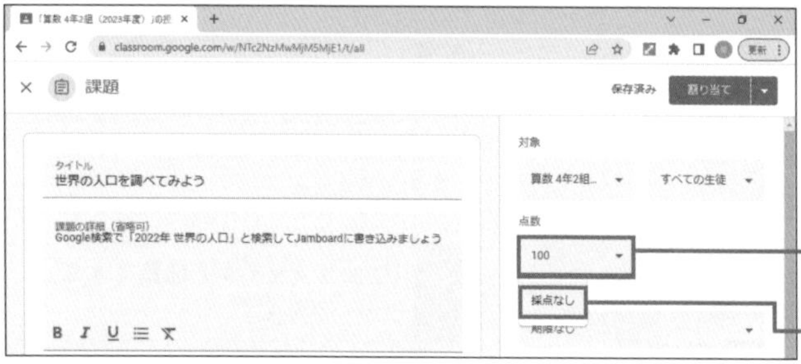

1 ここをクリックします。

2 [採点なし] をクリックします。

[課題] の採点がなしになりました。

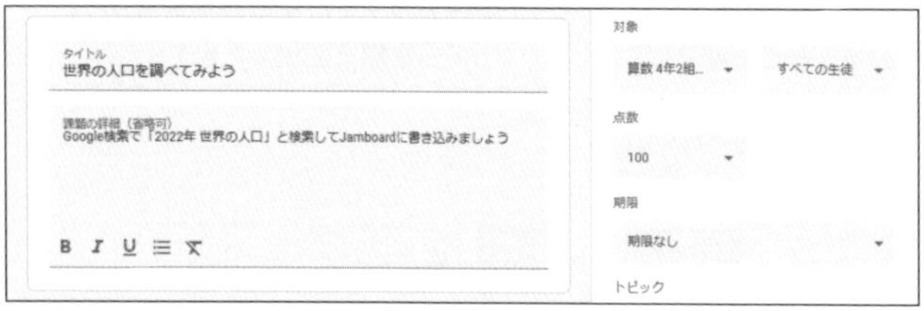

任意の点数を設定できます。

2 [課題]の期限を設定する

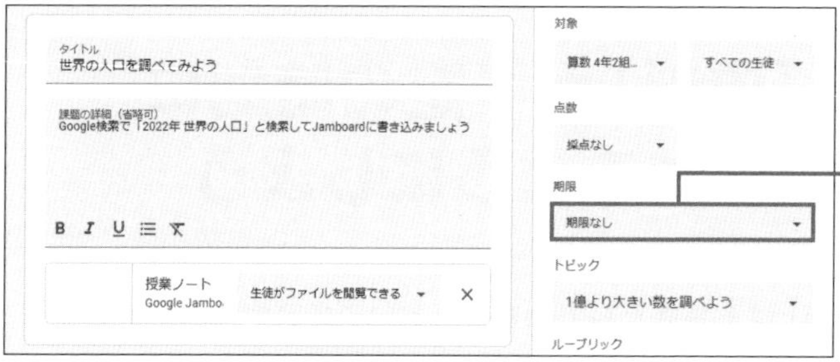

1 ここをクリックします。

2 **[期限なし]** をクリックします。

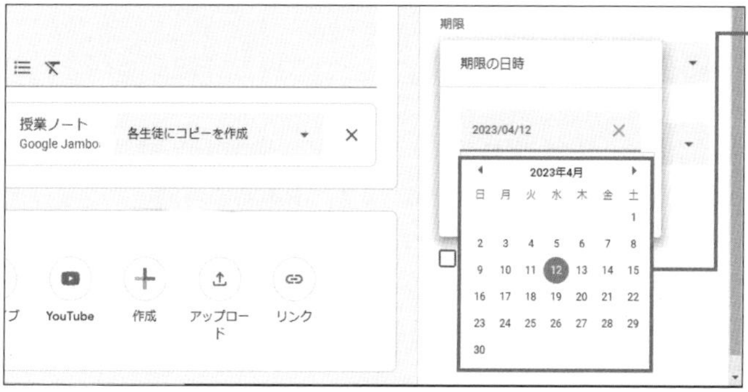

3 カレンダーから日付を選びます。

時刻の設定も可能です。

4 日付を選択したらLesson27を参考に **[割り当て]** をクリックします。

3 カレンダーを表示する

1 Lesson08を参考に **[メインメニュー]** をクリックします。

2 **[カレンダー]** をクリックします。

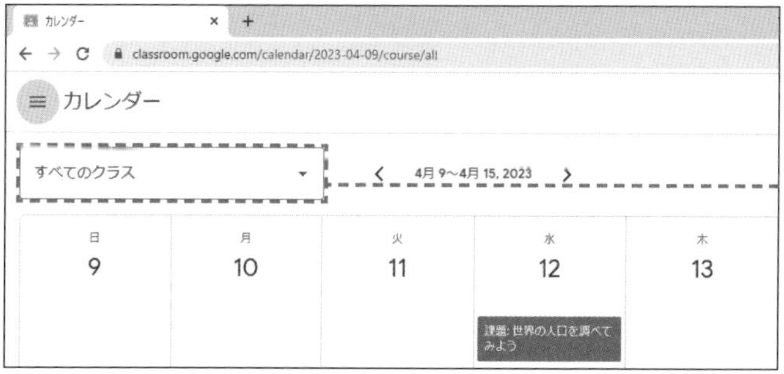

3 **[課題]** の期限が表示されていることを確認します。

クラスごとに **[課題]** を割り当てている場合は、ここでクラスを選択して期限を確認できます。

Lesson 30

[予定を設定]

[課題]や[資料]が予定の時刻に自動で表示されるようにしよう

このレッスンのポイント

[課題]や[資料]は下書きとして保存しておいて授業中に投稿する(割り当てる)方法もありますが、授業準備ができたら授業の開始時刻に予約してしまいましょう！ 紙に出力したものを教室に持っていったり配布したりする必要がなくなり、授業に集中することができます。

投稿(割り当て)する時刻を予約できる

課題や資料が完成したら授業の開始時刻に[予定を設定]しておくとその時刻に自動で投稿(割り当て)してくれるので大変便利です。先生は授業に必要なプリントを印刷して職員室から教室に持っていく必要がなく、休み時間に生徒対応があって授業に遅れてしまいその場にいなかったとしても課題が生徒に配布されます。授業開始時刻に教師から指示せず、すぐに課題に取り組む授業スタイルも可能です。事務的な作業の時間を減らして、教材研究や生徒との対話の時間を確保しましょう。

割り当ての予定を設定する

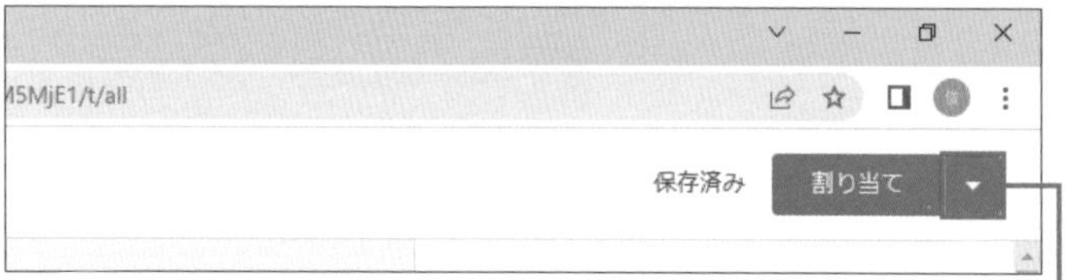

1 スケジュール設定画面を開く

[課題] を作成しておきます。

1 ここをクリックします。

2 **[予定を設定]** をクリックします。

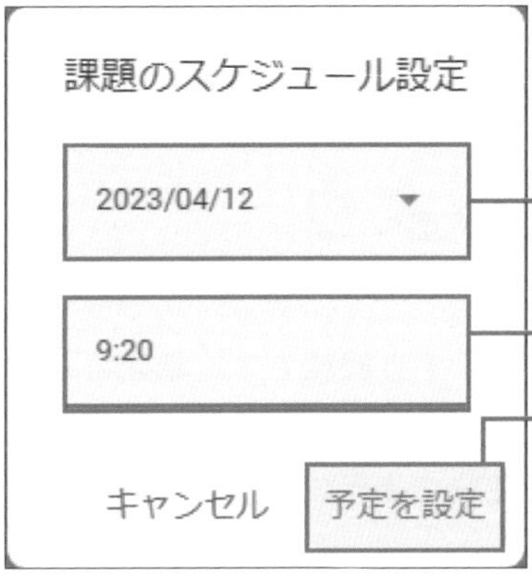

2 予定を設定する

1 Lesson29を参考に、カレンダーから日付を選択します。

2 時刻を入力します。

3 **[予定を設定]** をクリックします。

割り当てが予約されました。

予定を設定して授業をデザインしよう

授業時間が45分のとき、生徒が課題に対して個別に考える時間や友達に自分の考え方を説明する時間はどのくらい確保できるでしょうか。教科や単元、あるいはそのクラスの実態によってその時間の設定は様々ですが、例えば、最初の20分を個別の課題に取り組む時間、その後の20分間を友達と一緒に課題に取り組む時間、最後の5分を振り返りの時間と設定したとしましょう。教師は最初の課題を作成し、授業開始時（8:40）に予定を設定します。そしてその20分後の時刻（9:00）に発展的な問い、授業終了5分前（9:20）に振り返りのアンケートをスケジュール設定することができます。

予定を設定することで、教師が生徒全員の手を止めて一斉に説明をする時間を減らすことができ、個別の生徒のサポートに時間を費やすことができます。

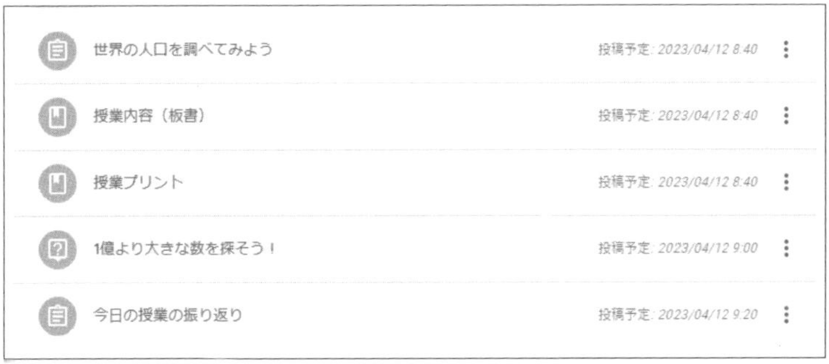

Lesson 31

[トピックの作成]

トピックで［課題］や［資料］を見つけやすく整理整頓しよう

このレッスンのポイント

トピックは［課題］や［資料］を分類して表示する機能です。単元ごとや期間ごとのトピックにまとめておくことで、整理整頓され、課題を見つけやすくなります。このトピックは生徒の表示にも反映されますので、［課題］ごとに設定しておきましょう。

［課題］や［資料］を分類できる

［トピック］を設定する方法は［課題］の作成後と、作成時の2通りがあります。ここでは新しくトピックを作成して、既に作成している課題や資料を分類する方法を紹介します。トピックが割り当てられていない投稿は、［授業］ページの上部に表示されます。トピックを設定することで、課題や資料などの投稿を並べ替えたり、トピックごと並べ替えたりできるようになります。

トピックを作成する

1 ［トピックを追加］画面を開く

［授業］を表示しておきます。

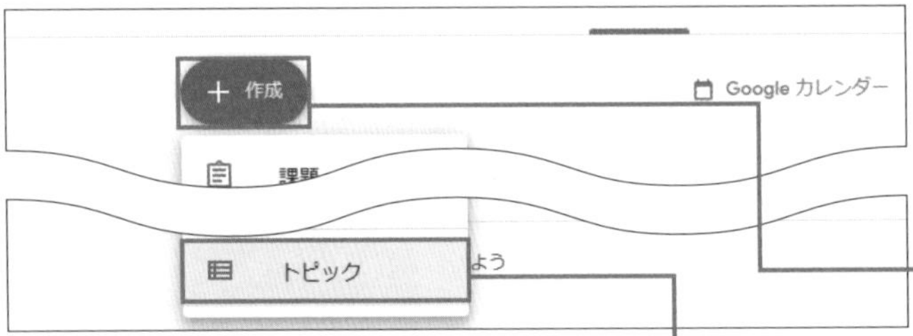

1 ［作成］をクリックします。

2 ［トピック］をクリックします。

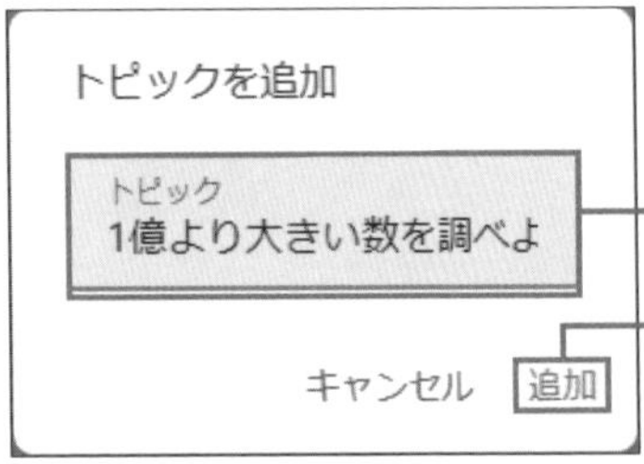

3 トピック名を入力します。

4 ［追加］をクリックします。

2 [課題]や資料を移動する

トピックが追加されました。

1 **[課題]** や **[資料]** などをドラッグして移動します。

トピックへの移動が完了しました。

生徒にも同じように表示されます。

Lesson 32

[生徒画面(授業ページ)]

[課題] と [資料] の生徒画面を確認しよう

このレッスンのポイント

[課題] と [資料] を作成して投稿(割り当て) しましたので、生徒の画面からどのように表示されるかについて確認していきましょう。教師は同じアカウントで生徒画面を確認できませんので、[課題] と [資料] がどのように表示されるかを把握しておく必要があります。

アイコンの色で提出状態を確認できる

教師の画面では下書きや予定を設定している [課題] や [資料] がグレーのアイコンとなり、既に投稿もしくは割り当てられている [課題] や [資料] が色の付いたアイコンで表示されています。一方で生徒の画面では、[資料] や提出済みの [課題] がグレーのアイコンで表示され、[課題] や [質問] などで提出が必要なものが色の付いたアイコンで表示されます。[課題] を提出するとグレーのアイコンに表示が変わります。そのクラスに教師として参加しているか生徒として参加しているかでアイコンの色の表示の仕方が変化しますので確認しておきましょう。

[資料]や提出済みの [課題]はグレー、回答が必要な [質問] やこれから提出する [課題]は色付きで表示される

グレーは処理済み、色付きはこれから作業が必要なもの、と覚えておきましょう!

[課題]を割り当てた時の生徒画面

生徒は［課題を表示］を選択して［課題］の詳細を確認できたり、［課題］を提出することができます。添付ファイルがある場合には、選択して、開くことができます。生徒は［課題］が完了したら、［提出］をクリックして提出をすることができます。［クラスへのコメント］はクラス全員が閲覧できるコメントを、［限定公開のコメント］はその生徒と教師しか確認できないコメントを行うことができます。

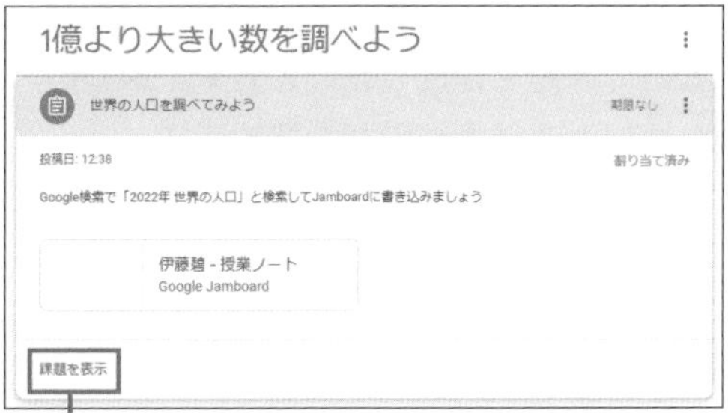

［課題を表示］をクリックすると、［課題］の内容が表示される

［課題］に回答したら［提出］をクリックする

資料を割り当てた時の生徒画面

生徒は［資料を表示］を選択して［資料］の詳細を確認できます。［課題］と違って提出したり、［限定公開のコメント］を教師に送信することはできませんが、［クラスへのコメント］でクラス全員が閲覧できるコメントは行うことができます。

［資料を表示］をクリックすると、［資料］の内容が表示される

ここをクリックして添付の内容を確認する

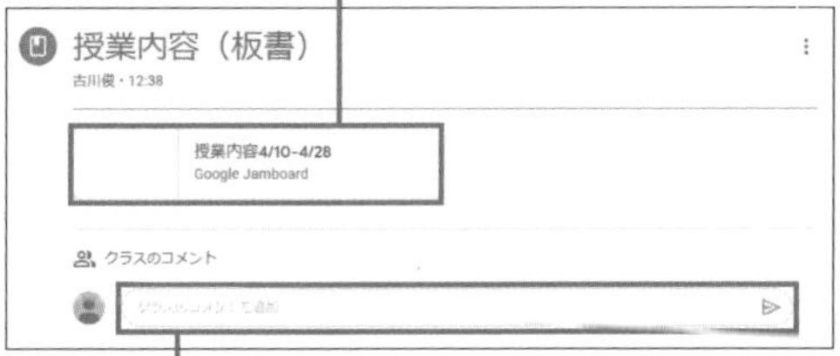

ここにコメントを入力できる

Lesson 33 ［投稿を再利用］

［課題］や［資料］を再利用しよう

このレッスンのポイント

これまでに投稿した内容を再利用できます。タイトルや詳細がコピーされ、ファイルが添付された状態から編集を始めることができ、作業効率が上がります。一度にまとめて課題を作成したいときや、過去の投稿と同じ形式で資料を作成したいときに大変便利な機能です。

再投稿を活用して作業時間を減らそう

前回作成した［課題］や［資料］はコピーして再投稿することができます。［すべての添付ファイルの新しいコピーを作成する］にチェックを入れておけば、Jamboardやフォームなどを毎回作成することなく、自動で添付された状態から編集を始めることができます。再投稿は自分が投稿した［課題］や［資料］だけでなく、他の先生が他のクラスで投稿したものも利用することができます。同じ授業に対してそれぞれ［課題］を作成するのではなく、一人が作成した［課題］をコピーして利用できるので、教科や学年によって分担して授業準備をすることができます。自分が作成した［課題］や［資料］も他の先生に活用してもらえるように、同じ教科を教えている先生は副担任として招待しておきましょう。より良いフィードバックがもらえるかもしれません。

投稿を再利用する

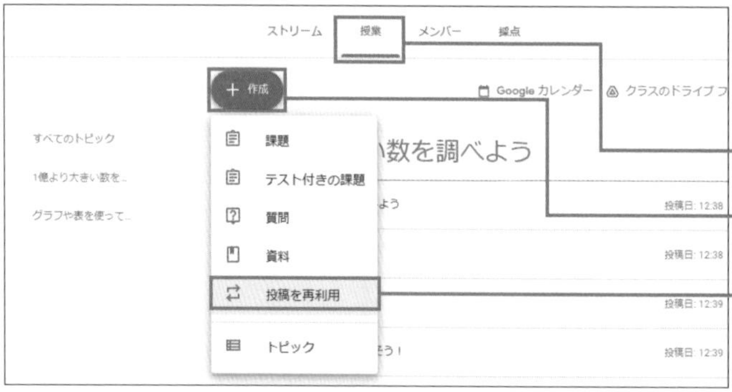

1 ［投稿を再利用］画面を開く

1 **［授業］**をクリックします。

2 **［作成］**をクリックします。

3 **［投稿を再利用］**をクリックします。

2 過去の投稿から選択する

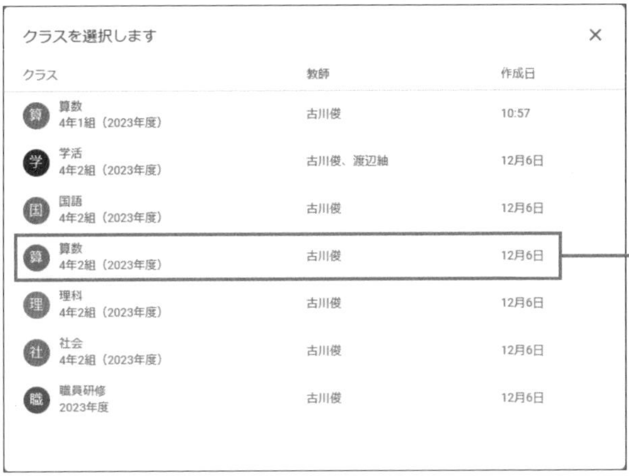

[クラスを選択します] 画面が表示されました。

1 クラスをクリックします。

選択したクラスの投稿の一覧が表示されました。

2 再投稿したい［課題］などをクリックします。

ここをクリックしてチェックマークを付けておくと、再利用の際にコピーが作成されます。

3 ［再利用］をクリックします。

［課題］が再利用可能になりました。

変更が必要な箇所を修正して、［割り当て］をクリックします。

COLUMN

ストリームでの表示方法を切り替えよう

課題や資料を投稿するとストリームに表示されます。この表示は［クラスの設定］から切り替えることができます。それぞれの表示について確認し、それぞれのクラスで最適な方法を選択しましょう。

設定の種類	表示内容
添付ファイルと詳細を表示	生徒に通知が展開されて表示されます。
要約した通知を表示	添付ファイルや詳細を省いて生徒に通知が表示されます。
通知を非表示	［ストリーム］画面に授業に関する通知は表示されません。

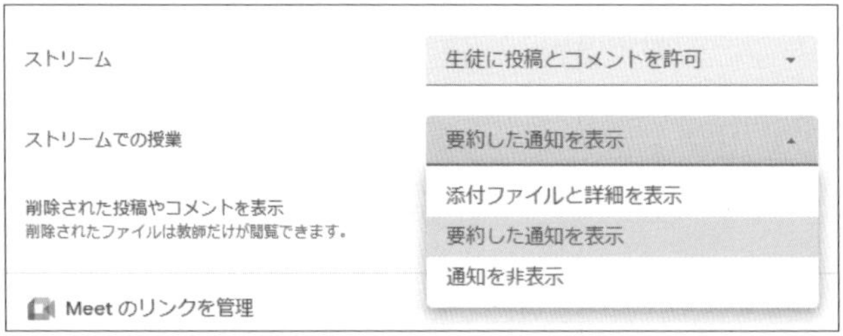

表示の設定は［クラスの設定］の［ストリームでの授業］で変更できる

［添付ファイルと詳細を表示］を選択すると、生徒の［ストリーム］画面で添付ファイルや詳細が展開して表示される

［要約した通知を表示］を選択すると、生徒の［ストリーム］画面では添付ファイルや詳細が非表示になる

Chapter

5

インタラクティブな授業を実践しよう

Classroomを活用することで、
手を挙げている生徒だけでな
く、生徒一人ひとりの意見や
考えを簡単に可視化できます。

Lesson 34

[生徒の考えを把握する]

画面上での机間指導と生徒一人ひとりの声を聴く［質問］の活用

このレッスンのポイント

ClassroomでGoogleドキュメントやJamboardの[課題]を出すと教師はそのファイルを閲覧でき、進捗を簡単に把握できます。画面上でヒントを出したり、実際に近くに行って支援したりしやすくなり、生徒一人ひとりに合わせた支援をより実践しやすくなります。

[課題]を参照して画面上で机間指導する

GoogleドキュメントやJamboardを各生徒にコピーして配布した場合には、教師にそのコピーの編集権限がついているので、画面上で閲覧して必要に応じて書き込みできます。授業中に提出した人からその場で採点したり、滞っている生徒にはヒントを与えたりすることができます。タブでそれぞれの生徒のファイルを開いておけば、タブの切り替えで今何を書いているかを簡単に把握することもできます。なお、Chromeの拡張機能を使って、画面全体を分割してそれぞれのタブを表示することもできます。

▶[課題]を確認するには

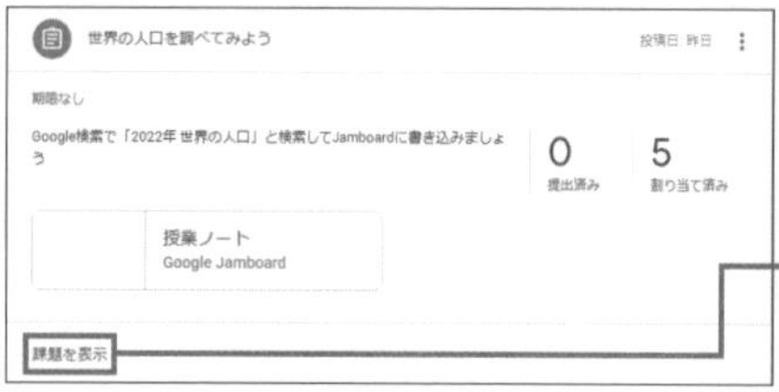

[課題を表示]をクリックすると、[各生徒にコピーを作成]で割り当てたファイルの一覧が表示される

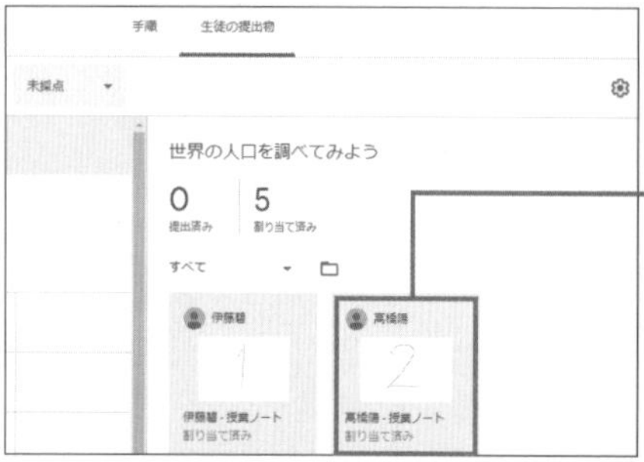

生徒ごとのファイルをクリックすると、個別の進捗状況を確認できる

[質問]で生徒一人ひとりの声を聴く

授業の中で生徒の考えを確認したい場面は多くあります。国語の物語で登場人物の心情を確認したり、理科の実験で体積の増減を予想させたり、生徒の考えを教師が確認し、生徒同士でどのように考えているかを共有することは、授業を進める上で重要なことです。
従来は、生徒を指名して意見を板書しながら共有したり、紙を配布して記述して教師が読み上げたり、手を挙げさせてその数をカウントしたりする方法が行われていました。しかし、発言力のある生徒の意見に引っ張られてしまったり、時間の都合上全員の意見を集めて共有することは難しかったと思います。

Classroomの［質問］の機能を使えば、生徒の意見を可視化して瞬時にクラス全体に共有することができます。前章の［課題］は提出されたものを教師が改めて共有しないと生徒同士の意見は確認できませんが、［質問］の機能を使えば、他の生徒が記述した意見をすぐに確認してコメントしあったり、アンケートの集計を即座に行ってクラス全体の考えを確認したりすることができます。この質問を授業の中で効果的に活用していくことで、生徒一人ひとりの声を聴くことができ、より良い学級運営や授業展開を行うことができます。

機能	資料	課題	質問
対象の選択	○	○	○
点数の設定	×	○	○
期限の設定	×	○	○
トピックの設定	○	○	○
ルーブリックの設定	×	○	×
生徒の解答を他の生徒が閲覧	×	×	○

［質問］は生徒が他の生徒の解答を閲覧できるため、全員の意見を表示してディスカッションしたり、アンケートの結果をすぐに確認したりできる

［質問］だけが他の生徒の解答結果を閲覧することができます

Lesson 35 [質問の作成]

一人ひとりの声を聴く記述式の[質問]を作成しよう

このレッスンのポイント

授業中に発問をすることで生徒が考え理解が深まりますが、なかなか全員の意見を聴くことは難しいです。Classroomの[質問]は特定の人だけでなく、クラス一人ひとりの声を聴きながら授業を進めていくことができます。積極的に活用していきましょう。

生徒が自由な意見を記述できる

記述式の質問を作成してみましょう。アンケートや小テストなどの複数の質問はGoogleフォームで作成する方法が適しています（Lasson44を参照）。ここでの［質問］は、「なぜそうなると思いますか?」のように自分の考えを書かせたり、授業中に生徒に予想を立てさせたり、アイディア出しをさせたりする時に適しています。Classroom上で質問ができ、解答後は生徒に共有することができるので、生徒は他の人の意見に引っ張られることなく、自分の意見を入力してクラス全員の意見を確認できます。
なお［生徒はクラスメートに返信できます］にチェックマークを付けると返信ができ、［生徒は解答を編集できます］にチェックマークを付けると、解答後に入力した内容を編集することができます。

[質問]を作成する

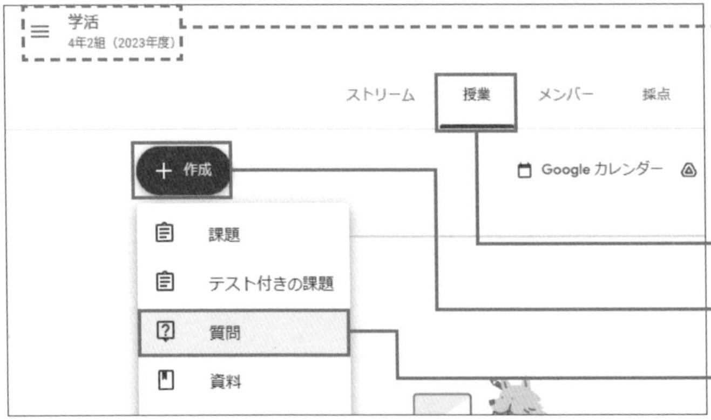

1 [授業]ページで[質問]を作成する

[質問]を作りたいクラスに移動しておきます。

1 [授業]をクリックします。

2 [作成]をクリックします。

3 [質問]をクリックします。

2 [質問]の内容を作成する

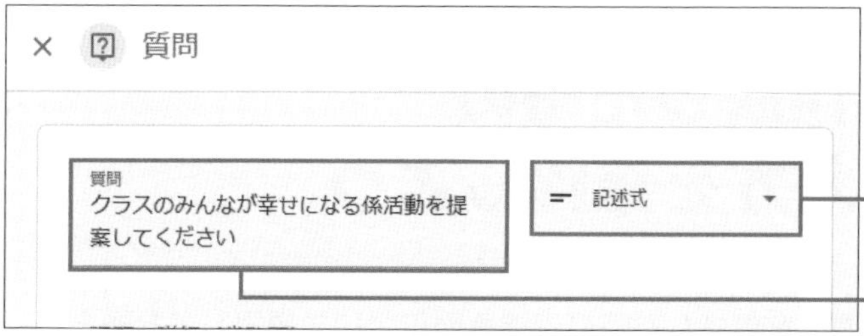

1 **[記述式]** になっていることを確認します。

2 質問内容を入力します。

3 Lesson27、29を参考に、対象や期限などを設定します。

4 質問の内容に応じて **[生徒はクラスメートに返信できます]** と **[生徒は解答を編集できます]** にチェックマークを付けます。

5 **[質問を作成]** をクリックします。

ワンポイント 生徒の解答を確認するには

生徒の解答は［授業］ページの［質問を表示］から一覧で確認できます。リアルタイムで更新されるので、未提出の生徒を素早く確認でき、誰がどのような解答を記入しているのかを把握できます。［生徒はクラスメートに返信できます］のチェックを外しておくと、生徒は解答しても他の生徒の解答を閲覧できず、教師のみが確認できます。［生徒は解答を編集できます］についても割り当て後に変更が可能ですので、権限を切り替えながら授業を行うことができます。

Lesson 36

[生徒画面(質問)]

[質問]を作成した時の生徒の見え方を確認しよう

このレッスンのポイント

記述式の[質問]を作成した時の生徒画面について確認しておきましょう。教師と見え方が少し異なりますので、どのように解答してどのように他の生徒の意見が見えるのかを確認するとともに、生徒には自分の解答が他の人から見えることも伝えておきましょう。

生徒が[質問]に答える方法を確認する

1 [質問]に解答する

[質問]が出されたクラスに移動しておきます。

1 [授業]をクリックします。

2 [質問]をクリックします。

3 [質問を表示]をクリックします。

[質問]の内容が表示されました。

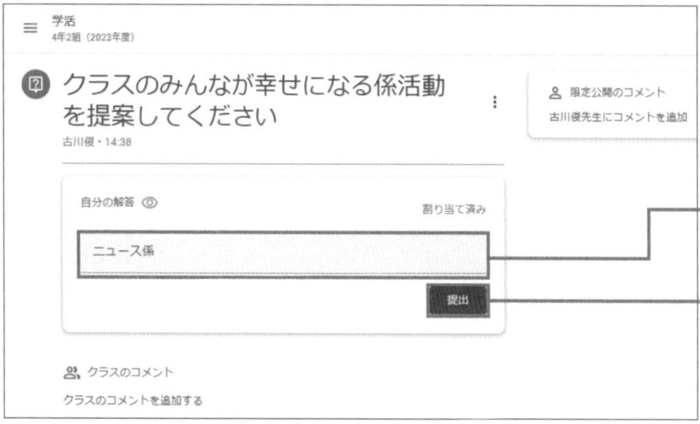

4 解答を入力します。

5 [提出]をクリックします。

2 クラスメートの解答を表示する

自分の解答内容が表示されました。

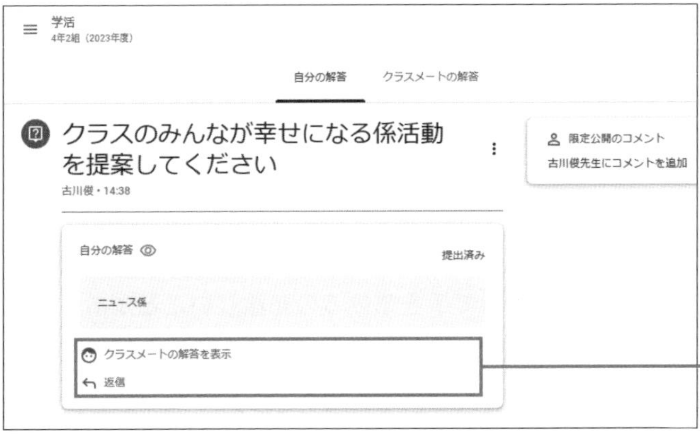

1 **[クラスメートの解答を表示]** をクリックします。

3 他の解答に返信する

他のクラスメートの解答が一覧で表示されました。

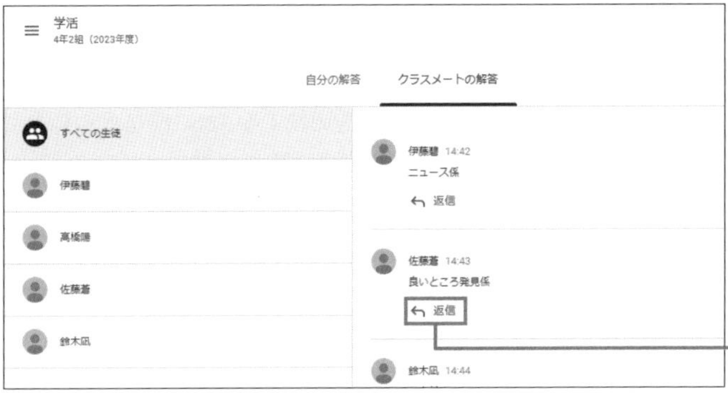

1 **[返信]** をクリックします。

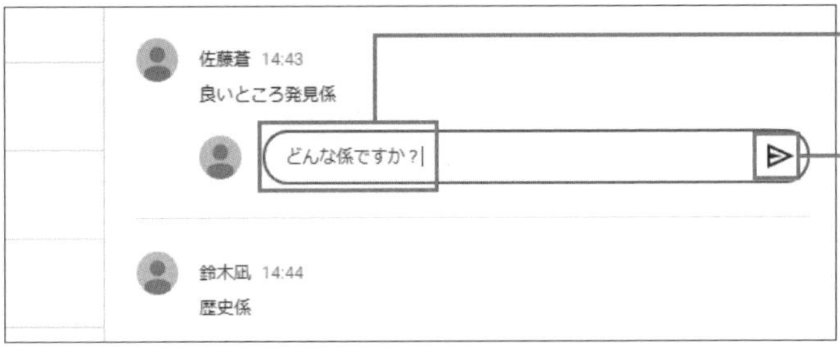

2 返信内容を入力します。

3 **[送信]** をクリックします。

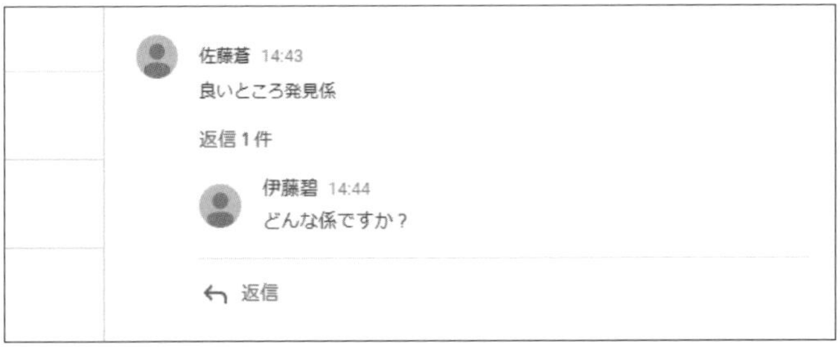

他のクラスメートへの解答に返信ができます。

画面左上のクラス名をクリックすると、クラスの **[ストリーム]** に戻ることができます。

Lesson 37

[質問の作成]

リアルタイムで集計できる選択式の質問を作成しよう

このレッスンのポイント

授業中に発問をして3択で手を挙げさせる場面では、他の人の意見に引っ張られてしまい自信を持って手を挙げるのが難しいことがあります。Classroomの[質問]は今生徒がどのように考えているのかをリアルタイムで集計してくれます。積極的に活用していきましょう。

解答の結果をすぐに共有できる

選択式の質問を作成してみましょう。前回の授業の復習で問題を出しても良いですし、解答の結果をすぐに共有できるのでアイスブレイクとしても使えます。実験の前後で変化がありそうか予想させたり、複数の考え方が出てきた時にどちらの考え方の方が適しているかを考えさせたりする場面で、自分の考えと周りの考えを比較することに役立ちます。[生徒にクラスの解答の概要の閲覧を許可する]にチェックを入れると生徒が結果を確認でき、このチェックを外しておくと教師だけが結果を確認できます。最初は表示させずに後からここにチェックを入れて表示させることも可能です。

選択肢を作成する

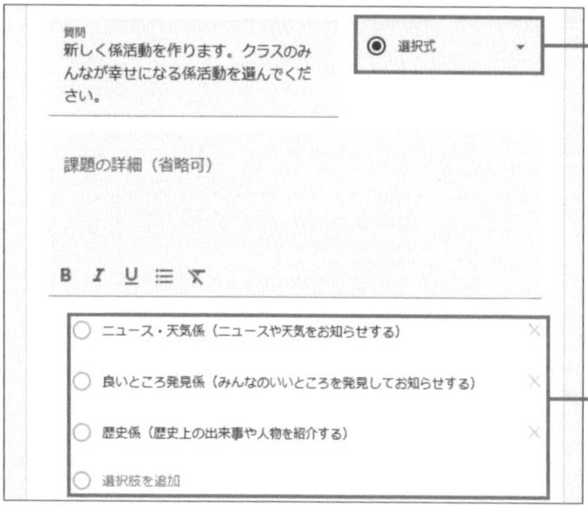

1 [選択式]の[質問]を作成する

Lesson35を参考に**[質問]**を作成しておきます。

1 ここをクリックして**[選択式]**を選択します。

2 選択肢を入力します。

2 質問を投稿する

1 質問の内容に応じて **［生徒にクラスの解答の概要の閲覧を許可する］** にチェックマークを付けます。

［質問を作成］ をクリックします。

生徒の画面を確認する

1 選択肢を選んで解答する

1 ここをクリックして解答を選択します。

2 **［提出］** をクリックします。

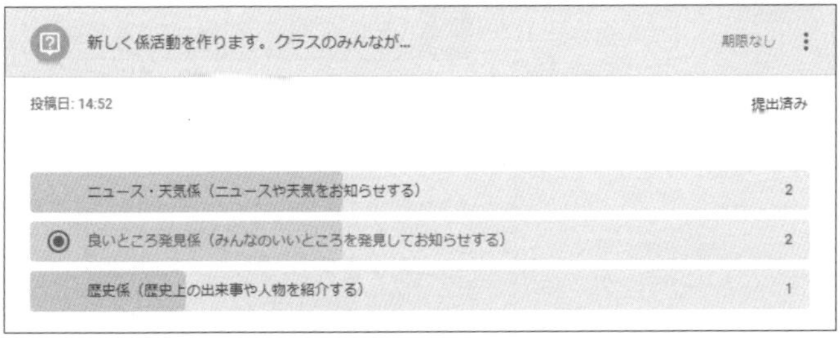

解答を提出すると画面が変更され、他の生徒の解答結果が一覧で確認できます。

教師はそれぞれの生徒がどのように解答したのかを **［授業］** ページの **［質問を表示］** から確認できます。

Lesson

38

[ファイルの保存場所]

生徒が提出したファイルの場所を確認しよう

このレッスンのポイント

Classroom内で教師が作成したファイルや生徒が提出したファイルはGoogleドライブに自動で保存されています。提出の前後で権限の変更が行われますので、編集できないなどの権限の問題が発生した場合にはドライブからそのファイルの権限を確認してみましょう。

Googleドライブの[Classroom]に保存される

Googleのアカウントには［Googleドライブ］というデータ保存用のクラウドサービスが付属します。この［Googleドライブ］の［マイドライブ］には、［Classroom］フォルダと、その中にクラスごとのフォルダが自動的に生成されます。さらに［課題］ごとにもフォルダが生成され、教師が作成したファイルや生徒にコピーを作成したファイルなどを確認することができます。生徒が添付して提出したファイルもこのフォルダの中に保存されます。

保存場所を表示する

1 Googleドライブを表示する

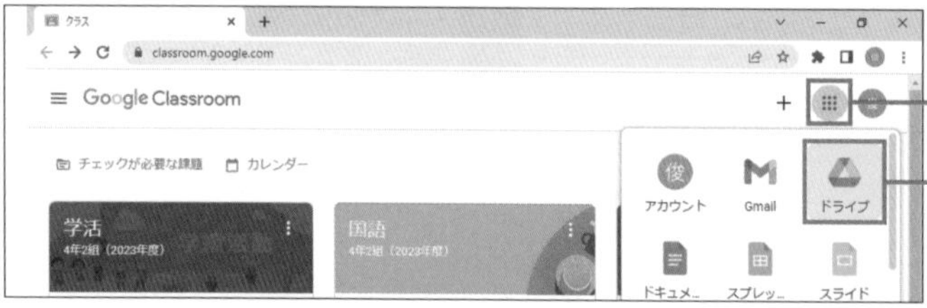

1 ［Googleアプリ］をクリックします。

2 ［ドライブ］をクリックします。

［ドライブ］内の［Classroom］フォルダをクリックして、フォルダの一覧を表示します。

提出する前と後で権限を確認してみよう

各生徒にコピーを作成したファイルは教師の［マイドライブ］の中で確認することができますが、権限は生徒がオーナーで、教師に編集権限が付いています。生徒が編集して提出を行うと、そのファイルのオーナーがクラスのオーナーに移り、生徒は提出後に編集できないように閲覧権限になります。

提出ボタンを一度押すだけで添付ファイルはこのような権限の変更が自動で行われています。
ちなみに、よく生徒が提出後にもう一度編集したいが編集できなくなったと相談に来ることがあります。その場合には［提出を取り消し］のボタンを押して権限を元に戻すことができます。

［課題］の状況を確認する

1 個別の課題を確認する

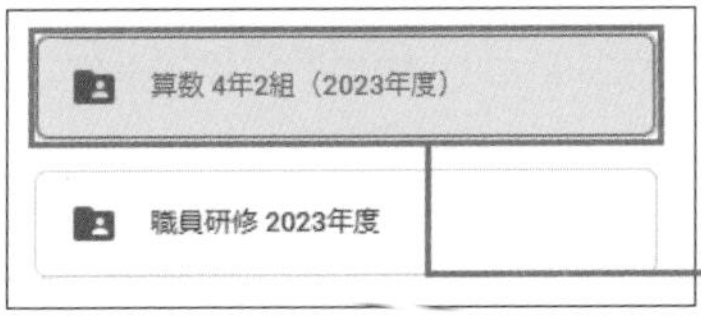

1 確認したい課題のクラスをクリックします。

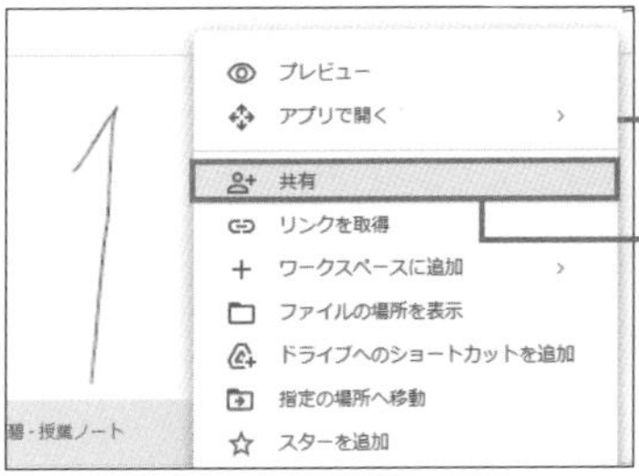

2 生徒の課題を右クリックします。

3 **［共有］**をクリックします。

個別の課題の共有画面が表示されました。

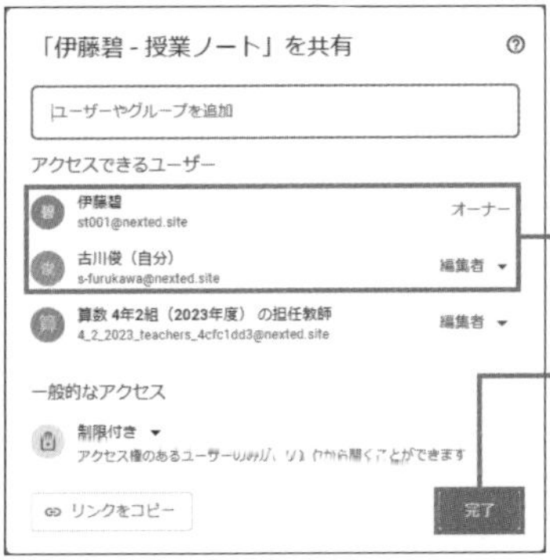

4 提出前の課題は生徒が**［オーナー］**、教師が**［編集者］**になっています。

5 **［完了］**をクリックして画面を閉じます。

提出後の課題は教師が**［オーナー］**、生徒が**［閲覧者］**になります。

Lesson
39
[Google Meetの活用]
Google Meetでリモート授業を始めよう

このレッスンのポイント

Classroomから Google Meetにアクセスし、すぐにリモート授業を始めることができます。設定の手順について確認しておきましょう。いつでもリモート授業を開始できるように一度試しておくことをお勧めします。

ワンクリックでリンクが作成できる

Google Meetはどのデバイスからでも安全にアクセスできるビデオ会議サービスです。[ストリーム] ページから「リンクを生成」のボタンを押すだけで、Classroomから教師も生徒もアクセスでき、リモート授業を簡単に始めることができます。

Meetのリンクを作成する

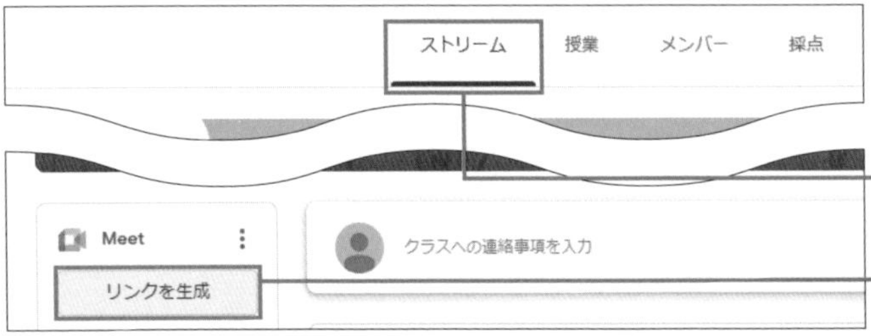

1 リンクを生成する

1 **[ストリーム]** をクリックします。

2 **[リンクを作成]** をクリックします。

[生徒に表示]がオンになっていることを確認します。

3 **[保存]** をクリックします。

リンクが作成され、**[リンクを作成]** が **[参加]** に変更されます。

リンクの設定を変更するには

Google Meetのリンクは使わない時には非表示にしておくことができます。リンクをリセットしたり削除したりすることができますので、その手順についても確認しておきましょう。

リンクの設定を変更する

1 リンクの管理画面を表示する

リンクを生成しておきます。

1 ここをクリックします。

2 [管理] をクリックします。

ここをクリックすると、生徒への表示を切り替えることができます。初期状態ではオンになっています。

ここをクリックすると、リンクのコピーやリセット、削除をすることができます。

Lesson 40

[Google Meetの活用]

生徒がGoogle Meetに入室する方法を確認しよう

このレッスンのポイント

Google Meetに生徒がアクセスした時の挙動についても確認しておきましょう。教師がMeetに参加しないと会議が始まらず生徒だけで会話できませんが、[クイックアクセス] をオンにしておくと教師が不在の時でも生徒が先に入室できるようになります。

待合室の仕組みを覚えよう

クラスのMeetのリンクを作成した主担任は、その会議の主催者になり、そのクラスの副担任が共同主催者になります。Meetのリンクを生成して生徒に表示させると、生徒の［ストリーム］画面にもMeetの参加ボタンが出現します。ここから生徒もMeetに参加することができます。

生徒がMeet に入室した時点で主催者または副担任が参加しているとすぐに生徒も参加できますが、生徒が先に会議に参加しようとした場合は、教師が会議に参加するまで待合室で待機することになります。

教師が［クイックアクセス］をオンにしておくと、教師が不在のときでも、生徒が会議に参加できるようになります。

生徒が参加する手順を覚えよう

1 Meetのリンクをクリックする

Lesson39を参考に、Meetのリンクを表示しておきます。

1 **[参加]** をクリックします。

2 Meetに参加する

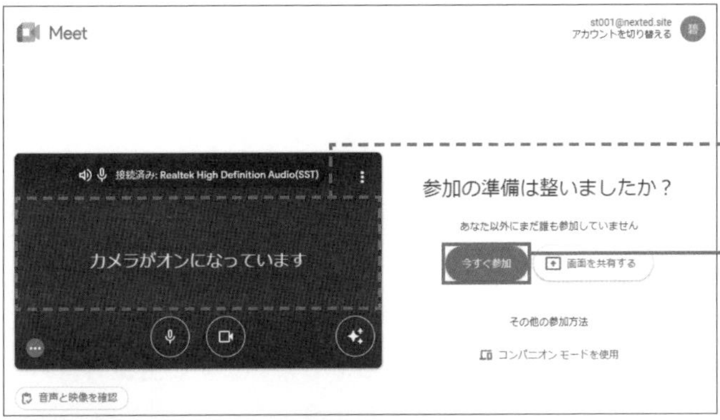

実際はカメラに写った生徒の顔が表示されます。

1 **[今すぐ参加]** をクリックします。

教師より先に入った場合は、教師が参加するのを待ちます。

教師が参加すると他の生徒と一緒にMeetに参加できます。

ワンポイント 生徒がすぐに参加できるようにするには

クイックアクセスをオンにすると、生徒がいつでもMeetに参加して話し合いを始めることができます。ここでも利用するルールについて生徒と一緒に考えていきましょう。

[主催者用ボタン]をクリック

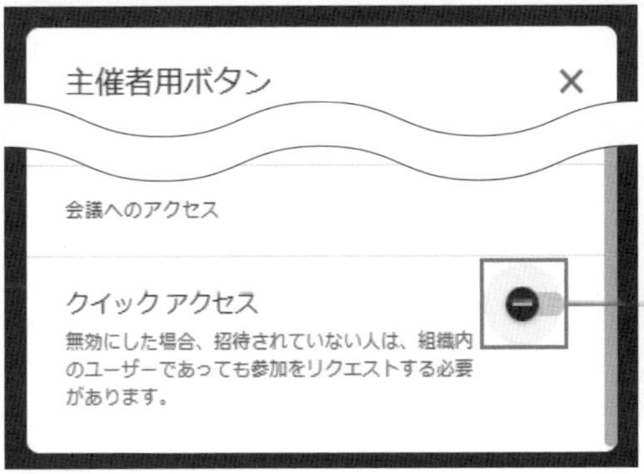

[クイックアクセス]をクリックしてオンにすると、主催者以外もすぐに会議に参加できるようになる

Lesson 41 [Google Meet の活用]

リモート授業をやってみよう

このレッスンのポイント

Google Meetには[画面共有]や[挙手]、[チャット]などの機能があり、快適にリモート授業を進められます。一方で対面の授業と同じく授業のルールを決めておかないと、授業が滞ってしまいます。生徒も含めて一度オンライン授業を体験しておきましょう。

Meetの使い方を生徒に説明しておこう

教師も生徒と同じく、Meetリンクを生成したら参加のボタンをクリックして入室することができます。Lesson40の通り、クイックアクセスをオンにしているかどうかで生徒がすぐに入室できるかどうかが変わりますので、生徒が不安にならないように［待合室］になることも伝えておくと良いでしょう。
教師は画面共有やカメラで映しながら、対面の授業と同じように進めていけば大丈夫ですが、マイクとカメラのオンオフの切り替えについては決めておきましょう。カメラは「オンにしておく」「最初だけオンにしてその後はオフにする」「ずっとオフにする」、マイクは「オンにしておく」「指名された時だけオンにする」など、設定については最初に教師が指示を出した方が良いでしょう。その他にもチャットの機能や挙手などの授業をサポートする機能がありますが、どう設定するのが適切かはその授業の方法とクラスの実態によって異なります。対面の授業でも質問がある時は、「すぐに質問する」「挙手する」「教師に聞きに行く」などのルールがあると思いますので、オンライン授業でも生徒がどのように質問するかを教師があらかじめ決めておくと良いでしょう。

リモート授業を行う時は［ストリーム］に詳細を投稿しておくと良いでしょう。授業のルールや準備しておくべきものとともに、授業の概要やMeetのリンクを教師がお知らせすると生徒は安心します

▶ Meetの準備画面を確認しよう

Meetのリンクをクリックすると、準備画面が表示される

[今すぐ参加] をクリックするとMeetに参加できる

ここをクリックするとマイクやカメラのオン・オフを切り替えることができる

▶ Meetの画面を確認しよう

教師と生徒の数に応じて画面が分割して表示される

ここをクリックすると画面を共有できる

ここをクリックするとメニューを表示できる

マイクやカメラのオン・オフを切り替えることができる

ここをクリックすると画面に [挙手] が表示される

ここをクリックすると会議から退出する

参加者の確認や全員にチャットでメッセージを送るときに使用する

Lesson 42

[活用事例]

主体的・対話的で深い学びを！ 愛光中学・高等学校の活用事例

このレッスンのポイント

愛光中学・高等学校和田誠先生のClassroom活用事例を紹介します。和田先生はGoogle認定イノベーター/トレーナーの資格をお持ちで、GEG Matsuyamaのリーダーです。主体的・対話的で深い学びの実現のためにClassroomをフル活用していきましょう。

寄稿：和田誠

まずはコミュニケーションから

文部科学省の学習指導要領で「主体的・対話的で深い学び」が提唱されていますが、ICTを一切使用せずに授業や単元で実現しようとすると大変です。Classroomを使うと、対話的になるのはもちろんですが、生徒の主体性や思考力、表現力など、さまざまな能力・資質を伸ばすような深い学びが可能となります。

授業は、教師と生徒、生徒と生徒などのコミュニケーションが大切です。Classroomの［ストリーム］に書きこんで投稿すれば、「次回の授業では○○プリントを持ってきてください」といったことや授業で言い忘れたこと、時間割変更の連絡など、紙のプリントを準備して配布することなく、インターネットにつながってさえいればいつでもどこからでも思いついたときに連絡できます。また、生徒たちからの意見や連絡も［ストリーム］に投稿できます。たとえば、ある生徒が投稿した話題について他の生徒たちがコメントしていくことにより、深いコミュニケーションがなされていきます。

教室でみんなの前で発言することは苦手だが、Classroomで自分の意見を書くのはできる、という生徒は多いと思います。まずは［ストリーム］の投稿機能で対話的な学びを深めていきましょう。

［ストリーム］で生徒の活発なコミュニケーションを引き出すことができる

[授業]の機能を使って効率的な授業運営

Classroomには[ストリーム]への投稿だけでなく[授業]という機能があります。この機能の中に[資料]や[質問]や[課題]といった機能があります。たとえば教師が授業で補足したいプリントや画像、動画などのデータを添付して、生徒たちに送る場合は[資料]、授業中に発問をして生徒からデータを取りたい場合は[質問]といった具合に、目的や用途に応じて使い分けていきます。

その中でも[課題]を効果的に使うと、生徒のさまざまな能力や資質を伸ばすことができます。たとえば、生徒にレポートを書いてもらう宿題を出す場合は[課題]を使います。レポートのテーマを与えて、Googleドキュメントを添付し、「各生徒にコピーを作成して配布」を選択して割り当てると、生徒はこのドキュメントの課題を受け取ることができます。提出期限や点数なども設定できます。

そして、生徒はドキュメントに内容を書き込んでいき、期限までにClassroom上で提出します。 教師はClassroom上で生徒の提出、未提出を確認し、レポートを読むことができます。このような作業が紙を使用することなく、1つのツールで完結するので非常に便利で効率的です。

資料の配布や宿題の作成・回収なども
Classroomの機能ですべて行える

双方向の特性を活かしてより深い学びへ

[課題]については、さらに機能が充実しています。先ほどのレポートの例でいえば、あらかじめルーブリック評価を設定しておき、レポートのどの部分をどのように評価するのか？ ということについて、生徒に提示することができます。これにより、生徒は教師が考える評価基準が事前に分かり、主体的にレポートの作成にのぞむことができます。

また、提出されたドキュメントについて、教師は細かくコメントを付けて返却することができます。生徒は提出したレポートをコメント付きで受け取り、それに対する再度の質問や自分の意見を付けて教師にコメントを返すことも可能です。

このような評価やコメント機能はドキュメントを使用したレポート課題に限らず、Googleスライドやスプレッドシートなどで出した課題についても同様のことが行えます。こういった双方向の作業や課題、授業などを通じて、主体的・対話的で深い学びへ向かっていくのです。

ワンポイント Chromeの拡張機能を活用しよう

Lesson34で「タブでそれぞれの生徒のファイルを開いておけば、タブの切り替えで今何を書いているかを簡単に把握することもできます」と説明しましたが、以下のように複数のタブを分けて表示すると、生徒のノートを画面上で一覧表示することができます。GoogleドキュメントもJamboardもリアルタイムで反映されるので、進捗状況やどこでつまずいているのかを簡単に把握することができます。画面が小さくなってしまうデメリットもありますので、一つのパソコンで30人を同時に見ることは難しいのですが、オンライン授業では学習の様子を確認できます。複数のリンクを一括で開ける「Linkclump」という拡張機能や、Chrome のウィンドウを様々なレイアウトで分割できるようにする拡張機能「Tab Resize」というものもあります。拡張機能はChrome ウェブストアから追加することができ、第10章でも紹介しています。

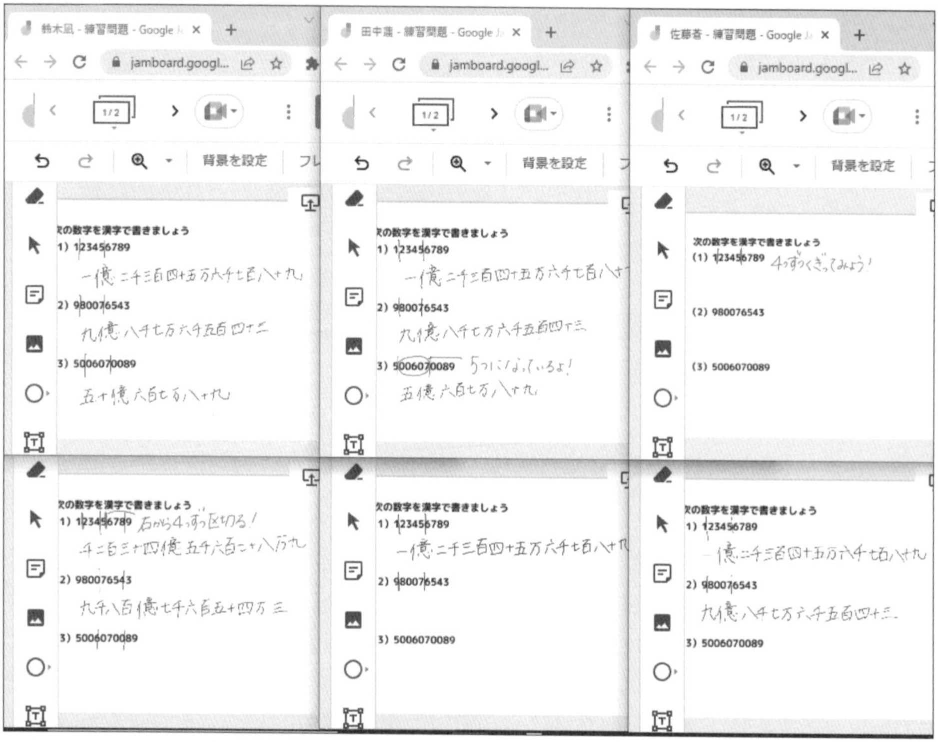

「Tab Resize」という拡張機能を使うと、生徒の画面をすべて並べて表示することができる

Chapter

6

テスト付き課題を使ってみよう

テスト付き課題では、採点とフィードバックを自動化して得点をインポートできます。生徒にとって最適な学習の方法を提案し、先生にしかできない仕事を進めましょう！

Lesson 43 [テスト付きの課題]

[テスト付きの課題]を作成しよう

このレッスンのポイント

[課題]と[テスト付きの課題]の違いはフォームが添付されているかどうかです。[課題]を作成してから、フォームを添付しても同じです。簡単な問題は[テスト付きの課題]から作成し、問題数が多い場合などは一度フォームで問題を作ってから[課題]に添付しましょう。

自動でGoogleフォームが添付される

Classroomで[テスト付きの課題]を作成すると、自動でGoogleフォームが添付されます。添付されたフォームはテスト設定になっていて点数や回答集の作成、フィードバックの追加ができるようになります。Googleフォームを新規作成してからテスト設定にしてClassroomの[課題]に添付してもOKです。フォームを新規作成した場合には添付する際に見つけやすいよう、Googleドライブで保存場所を決めておくか、分かりやすい名前を付けておきましょう。

[テスト付きの課題]を作成するには

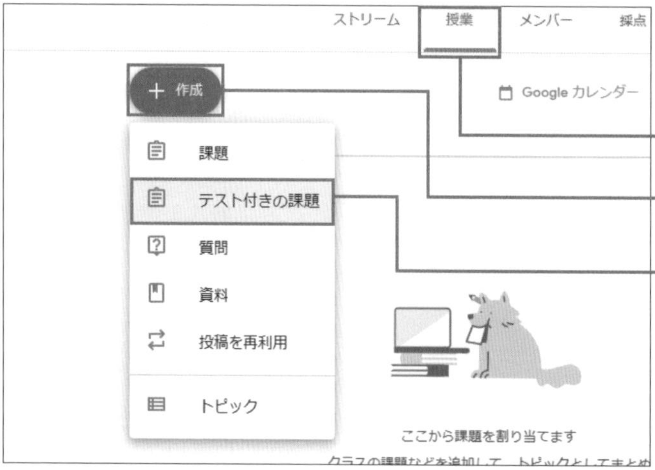

1 [課題]の作成画面を表示する

1 **[授業]**をクリックします。

2 **[作成]**をクリックします。

3 **[テスト付きの課題]**をクリックします。

[課題]をクリックしてからフォームを添付しても同じ結果になります。

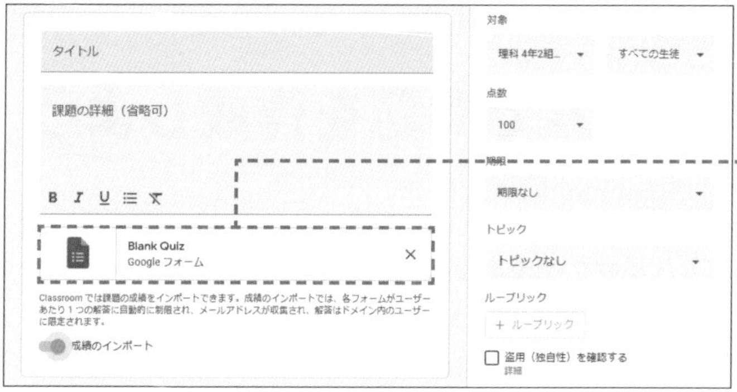

2 タイトルと点数を入力する

［課題］の作成画面が表示され、空のフォームが自動的に添付されました。

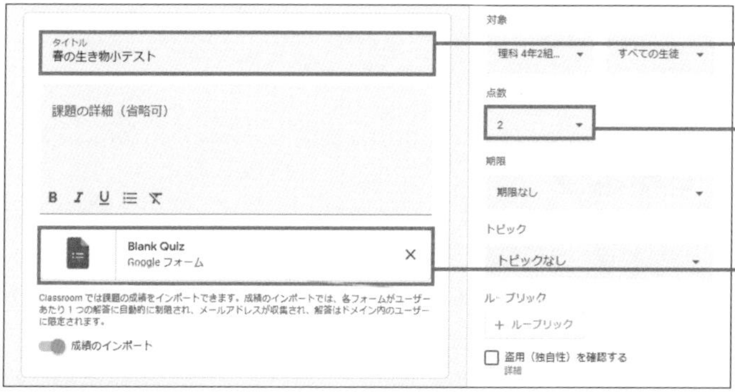

1 **［タイトル］**に**［課題］**の名前を入力します。

2 **［点数］**を入力します。

3 **［Blank Quiz］**をクリックします。

新しいタブでフォームの入力画面が表示されました。

フォームを使ったテストの作成方法は、次のLessonで紹介します。

▶フォームを作ってから課題にするには

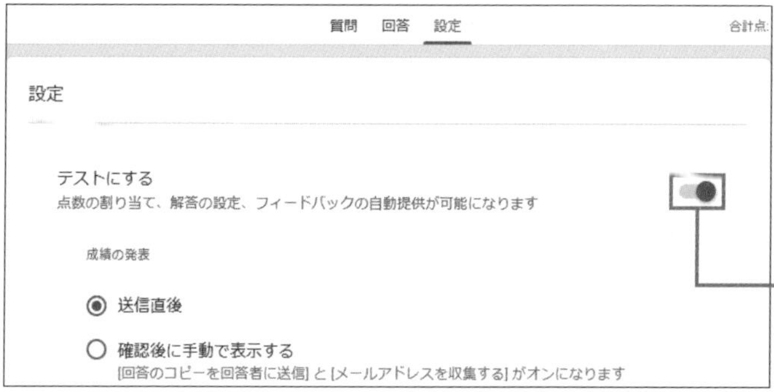

［テスト付きの課題］以外でフォームを新しく作成した場合は、**［設定］**の**［テストにする］**をオンにすることでテストに変更できます。

ここをクリックしてオンにする

Lesson 44 ［フォームの問題作成］

Googleフォームで問題を作成しよう

このレッスンのポイント

Googleフォームは手軽に問題を作成できますが、それでも毎回の問題を作るのは時間と手間がかかります。フォームを共有して使えるように、学校や教員コミュニティで他の先生の作ったフォームを参考にして作成していきましょう。

簡単な問題から作ってみよう

Googleフォームでは記述式やラジオボタンなど11種類から質問の種類を選択してアンケートや問題を作ることができます。Googleフォームで記述式の問題も作成することはできますが、まずは、1つしか回答できないラジオボタンや複数回答できるチェックボックスなどを使って問題を作成してみましょう。画像や動画を入れることもできますので、これまでに作成しているプリントがあれば、スクリーンショットなどを行って簡単に挿入することができます。作成した問題はぜひ教員間で共有していきましょう。なお、Googleフォームや Googleドライブから開いた場合にはテスト設定になっていませんので、［設定］からテスト設定にしてください。

▶出題や回答の形式を確認しよう

回答形式はラジオボタン（複数回答不可）、チェックボックス（複数回答可）、プルダウン、記述式など11種類から選択できる

問題にはタイトルの他に説明や画像データを追加することができる

写真入りの問題を作成するには

1 問題に写真を挿入する

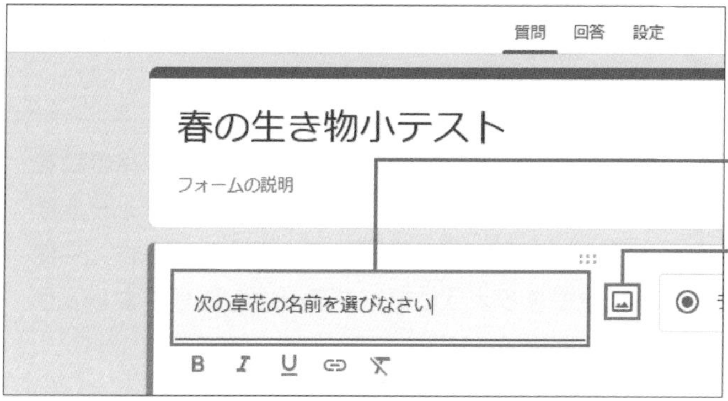

1 **[Untitled Question]** に問題文を入力します。

2 ここをクリックします。

[画像の挿入] 画面が表示されました。

3 問題用の画像をここにドラッグします。

[参照] をクリックするとパソコンに保存されたファイルから問題用の画像を選択できます。

画像が挿入されました。

画像の四隅をドラッグすると大きさを変更できます。

違う画像を挿入してしまった場合は、一度余白の部分をクリックして、画像の右上に表示されたメニューをクリックし、**[削除]** を選択してやり直します。

Lesson 45 ［解答集の作成］

Googleフォームで回答用の選択肢を作成しよう

このレッスンのポイント

ラジオボタンやチェックボックスで問題を作成すると自動採点の設定がしやすく、初めて活用する場合におすすめです。作ったフォームは他の教師と共有して間違いがないかを確認してもらうとともに、生徒にとってより良い学びができるようにアップデートしていきましょう。

採点を行いやすい形の回答を作る

質問の種類をラジオボタンやチェックボックスにした場合は、正しい選択肢とダミーの選択肢を作成しましょう。選択肢が多数ある場合には、スプレッドシートに作成してからコピー＆ペーストすることもできます。回答を作成した後は、［解答集を作成］をクリックして正解と点数を設定できます。設定後は生徒の回答に応じて自動で採点され、結果を確認することができます。全員のテストが終了してから結果を通知したい場合には、解答後に結果を知らせない設定を行うこともできます（Lesson49）。

選択肢を作成するには

1 回答を入力する

1 回答形式が［**ラジオボタン**］になっていることを確認します。

2 正答用の回答を入力します。

［**画像を追加**］をクリックすると、回答にも画像を挿入できます。

3 Enter キーを押すか［**選択肢を追加**］をクリックして次の回答を作成します。

2 解答集を作成する

選択肢を作成しました。

選択肢を削除する場合は **[削除]** をクリックします。

1 **[解答集を作成]** をクリックします。

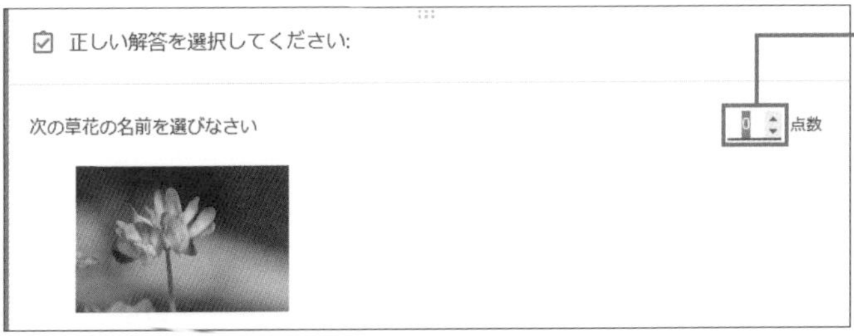

2 ここに配点を入力します。

3 正答を選択します。

フィードバックを追加しない場合は **[完了]** をクリックします。

これでテストの自動採点の設定が完了しました。このまま生徒に割り当てすることもできますが、次のレッスンで紹介する [フィードバック] を設定すると、生徒がより効果的な学習を行うことができます

Lesson 46 [フィードバックの追加]

回答にフィードバックを追加しよう

このレッスンのポイント

生徒がテスト終了後にすぐに結果とフィードバックを得られることは、教師の業務の効率化だけでなく、学習にも良い影響を与えます。設定の方法を確認しながら、適切なフィードバックを設定できるように教材研究を進めていきましょう。

生徒の興味関心を引き出そう

フィードバックは設定しなくても0Kですが、動画教材やより詳細が書かれているホームページなどのリンクを貼っておくことで、生徒が復習で動画を視聴できたり、その分野の興味関心を高めることができます。関連項目や資料がある場合は、ぜひフィードバックも設定しておきましょう。

フィードバックを追加するには

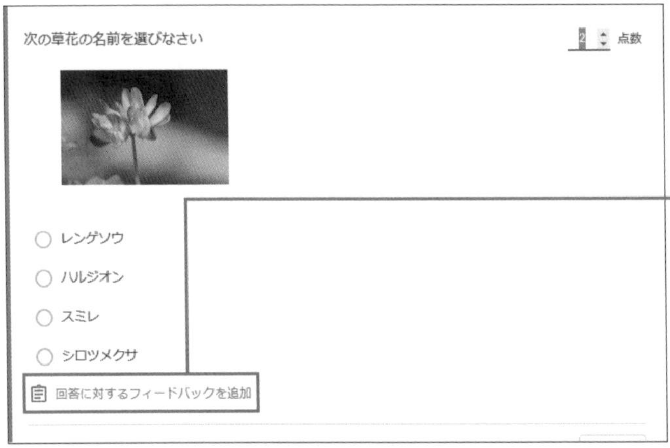

1 フィードバック用の画面を表示する

回答を作成しておきます。

1 ここをクリックします。

すでに作成した問題の場合は、Lesson45を参考に**[解答集を作成]**をクリックして、フィードバックを追加することができます。

2 フィードバックを追加する

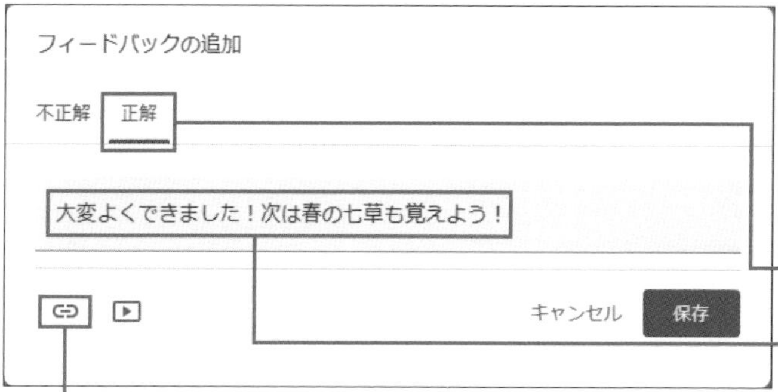

[フィードバックの追加]画面が表示されました。

1 **[正解]** をクリックします。

2 フィードバックを入力します。

3 ここをクリックします。

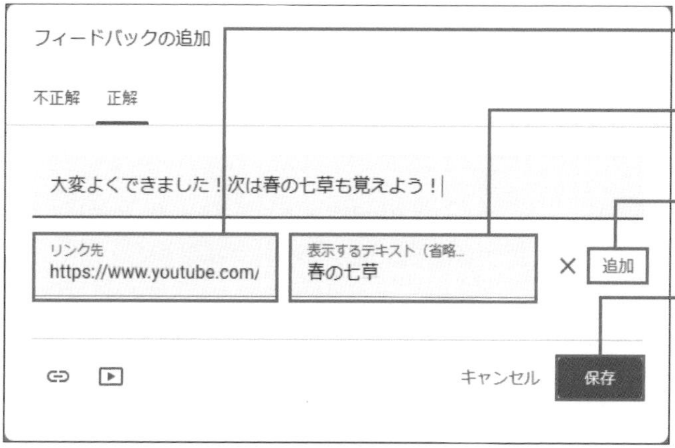

4 URLを入力します。

5 リンクの代わりに表示されるテキストを入力します（省略可能）。

6 **[追加]** をクリックします。

7 **[保存]** をクリックします。

不正解のフィードバックは操作①で **[不正解]** をクリックして、同様に作成します。

3 フィードバックを確認する

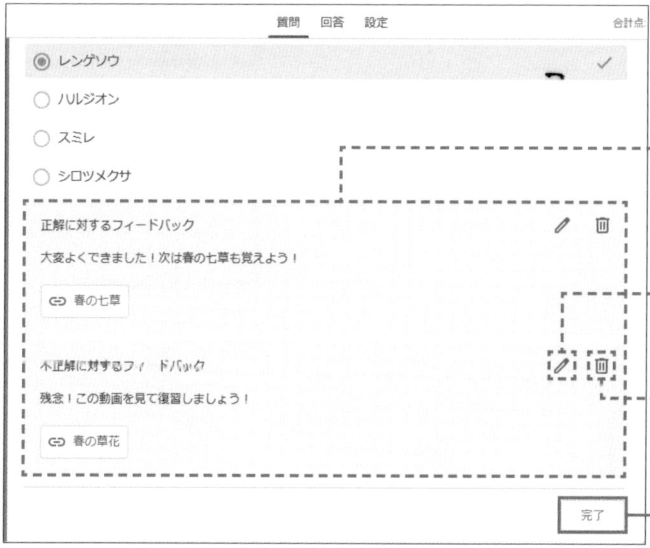

正解用、不正解用のフィードバックが表示されました。

内容を変更する場合はここをクリックします。

削除する場合はここをクリックします。

1 **[完了]** をクリックします。

Lesson 47

[生徒画面(テスト付きの課題)]

[テスト付きの課題] の生徒の画面を確認しよう

このレッスンのポイント

Googleフォームで作成したテストは自分でも解答してみることができます。点数やフィードバックが正しく設定できているかを確認するとともに、画面上で生徒がスムーズにテストを受けられるように問題の配置や選択肢を工夫していきましょう。

生徒画面で[テスト付きの課題]を確認しよう

[テスト付きの課題] にはClassroomからGoogleフォームのテストにアクセスして回答することができます。送信のボタンを押すと、Classroomの課題には自動的に完了のマークが付き、教師は誰が回答したのかを一覧で把握することができます。生徒は [スコアを表示] のボタンを押して結果を確認することができます。スコアを表示できない場合はLesson49のフォームの設定を確認してください。

▶生徒の画面での見え方を確認しよう

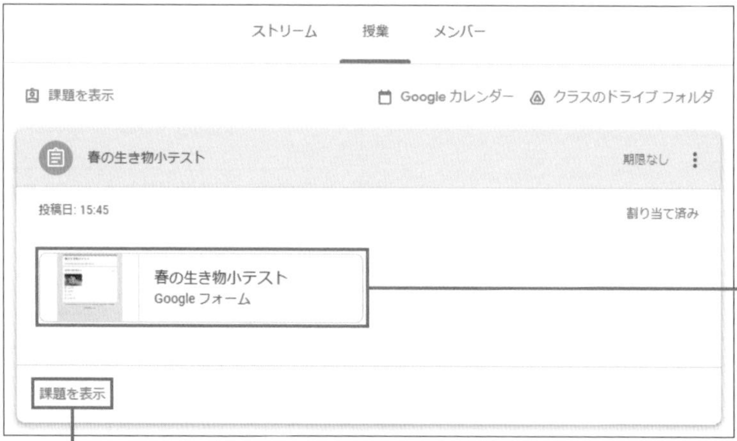

[テスト付きの課題] は生徒の画面では左のように表示される

フォームをクリックすると別のタブで問題のフォームが開く

[課題を表示] をクリックして、課題の詳細の画面を開くことができる

回答の手順を確認する

1 回答を送信する

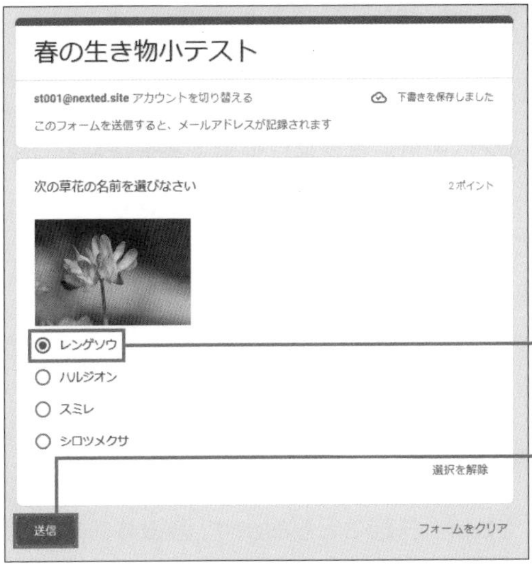

生徒の回答用の画面は左のように表示されます。

1 回答をクリックします。

2 [送信] をクリックします。

回答が送信されます。

2 フィードバックを確認する

1 [スコアを表示] をクリックします。

回答内容とフィードバックが表示されました。

回答が不正解だった場合は、不正解用のフィードバックが表示されます。

内容を確認したら、このタブを閉じてClassroomのタブに戻ります。

Lesson 48 [成績のインポート]

テストの点数をインポートしよう

このレッスンのポイント

テスト後に誰がどの程度できていたのかを簡単に把握する方法があります。それが成績のインポートです。生徒がフォームで解答したスコアをClassroomに反映してくれます。名簿のチェックや採点した点数の転記は必要ありません。Classroomで必見の機能です！

テストに関する作業を大幅に減らせる

大学の授業を担当していた時に毎時間小テストを課していましたが、80名程度学生がいたのでこの［点数のインポート］に大変感動したのを覚えています。誰がテストを受けていないのかClassroom上で簡単に把握できますし、下書きで保存されるので追加の課題を行った場合には加点して返却（Lesson61を参照）を行うこともできます。複数のクラスで同じフォームのテストを行っていた場合でも、該当のクラスで生徒の点数をそれぞれインポートすることができます。生徒名を選択して個別の解答を閲覧することも可能です。採点した後に名簿に点数を転記する作業は極力減らしていきましょう。

成績をインポートするには

1 提出物の一覧を表示する

Lesson27を参考に［課題］を表示しておきます。

1 ［課題を表示］をクリックします。

生徒の提出物の一覧が表示されます。

2 成績をインポートする

生徒の提出物の一覧が表示されました。

1 **[成績を読み込む]** をクリックします。

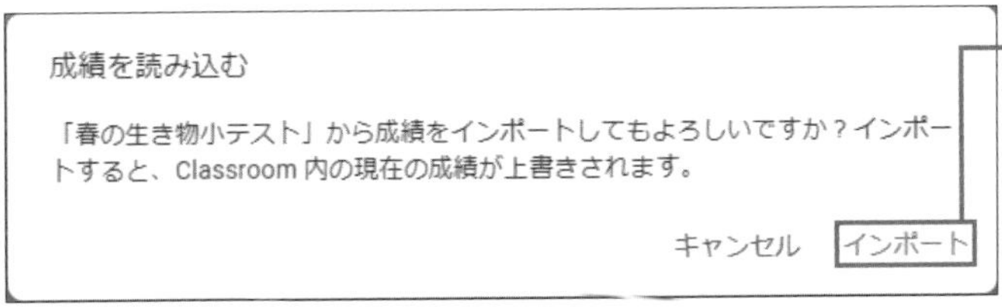

2 **[インポート]** をクリックします。

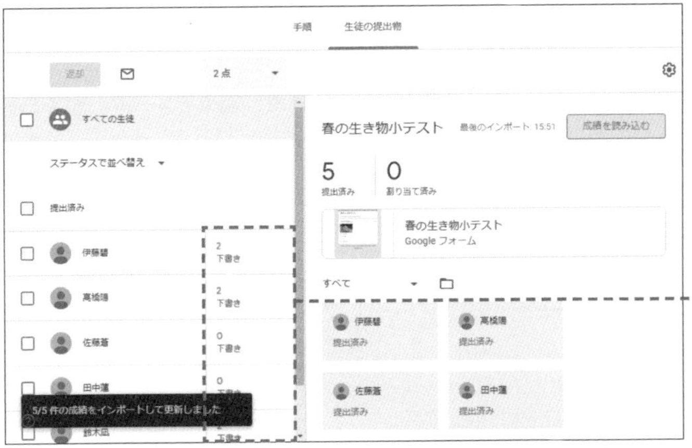

課題の採点結果がインポートされました。

正解だった生徒は2点、不正解だった生徒は0点という採点結果が反映されています。

[成績を読み込む] をクリックするたびに内容が更新されます。

成績のインポートは何度でも行うことができ、その時点での得点が読み込まれます。下書きとして保存されますが、点数を変更（直しの提出による加点など）した後で、成績を再度インポートすると点数が上書きされますので注意してください

Lesson
49
[フォームの設定]

成績の発表と回答後の答え合わせを設定しよう

このレッスンのポイント

生徒がフォームに解答をした後、正解・不正解をすぐに知られたくない場合の設定方法について確認しておきましょう。テストの結果はすぐに確認してほしいけど、正しい解答と点数は授業の中で知らせたい場合など、細かく設定することが可能です。

成績の発表を設定しよう

[課題] に添付したフォームの画面で設定のページを開くと、成績発表のタイミングを設定できます。[送信直後] に設定すると、生徒は送信後に自動的に結果を確認できます。初期設定ではこの設定になっており、直ちに成績が発表されます。また、回答者のメールアドレスは変更しない限り収集されない設定になっています。

一方で、生徒に正解・採点結果をすぐには見せたくないという場合もあるかと思います。この場合は[確認後に手動で表示する] に設定しておきましょう。生徒は回答後すぐには結果を確認できず、教師はフォーム画面から回答者に結果をメールで送信できます。この設定を選択すると、メールアドレスの収集が有効になります。

▶ 成績発表のタイミングを変更するには

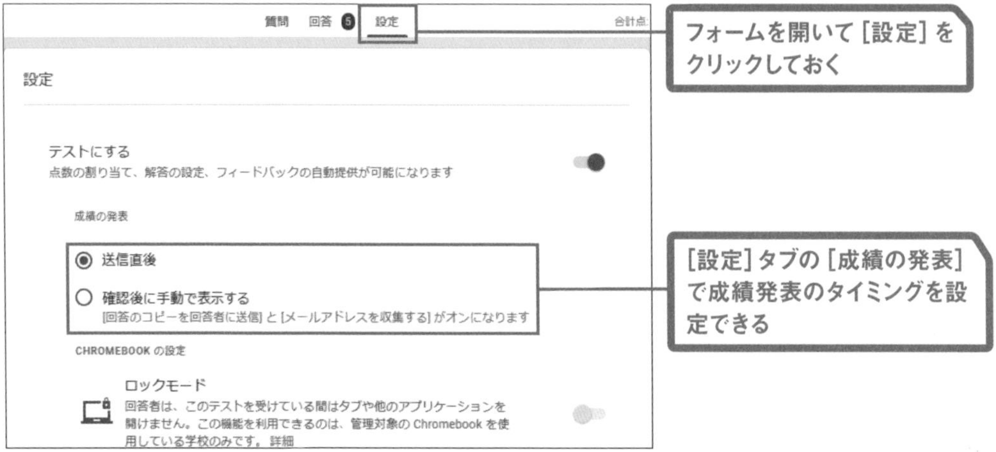
質問
回答 5
設定
合計点:
設定
テストにする
点数の割り当て、解答の設定、フィードバックの自動提供が可能になります
成績の発表
送信直後
確認後に手動で表示する
[回答のコピーを回答者に送信] と [メールアドレスを収集する] がオンになります
CHROMEBOOK の設定
ロックモード
回答者は、このテストを受けている間はタブや他のアプリケーションを開けません。この機能を利用できるのは、管理対象の Chromebook を使用している学校のみです。 詳細
フォームを開いて [設定] をクリックしておく
[設定] タブの [成績の発表] で成績発表のタイミングを設定できる

回答者の設定を確認しよう

自動または手動でテスト結果を送信する時に、以下の表の情報を含めるかどうかを設定できます。合計点を表示したくない場合や、記述式の問題で採点前に点数を表示したくない場合には［点数］をクリックしてオフにすると、生徒は得点を確認できなくなります。不正解の問題はもう一度考えてほしいという場合には、［正解］をクリックしてオフにすると各問題の正解が表示されなくなります。どの問題が正解だったか不正解だったかを表示させたくない場合には、［不正解だった質問］をオフにすると正誤が表示されなくなります。

項目の種類	設定内容
不正解だった質問	回答者はどの問題が不正解だったかを確認できます。
正解	回答者は成績の通知後に正解を確認できます。
点数	回答者は総合得点と各問題の得点を確認できます。

▶回答結果の表示を変更するには

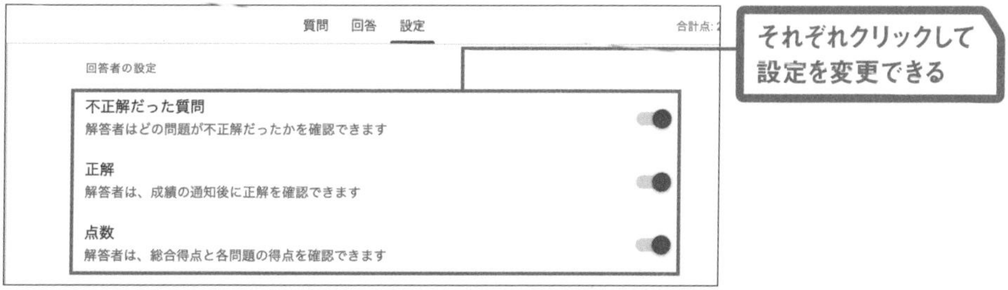
質問
回答
設定
合計点: 2
回答者の設定
不正解だった質問
解答者はどの問題が不正解だったかを確認できます
正解
解答者は、成績の通知後に正解を確認できます
点数
解答者は、総合得点と各問題の得点を確認できます
それぞれクリックして設定を変更できる

ワンポイント 問題ごとに手動で点数を入力するには

記述式の問題などで解答の結果を見て手動で点数を入力したい場合、フォームの［回答］ページの［質問］を選択すると、問題ごとに生徒の解答を確認して点数を入力していくことができます。

質問
回答 5
設定
合計点: 2
5 件の回答
回答を受付中
概要
質問
個別
次の草花の名前を選びなさい
1 / 1 個目
［質問］を選択すると回答ごとに点数を入力できる

Lesson 50 ［フォームの設定］ ［ロックモード］でテスト中のアプリ使用を制限しよう

このレッスンのポイント

Chromebookの場合は、テストを受けている間はタブや他のアプリケーションを開けない「ロックモード」を設定できます。生徒がWebや資料などを参照することを防止して、公正なテストを実施することができます。

オンライン試験の公正さを保つ

Googleフォームはアンケート等で使われている方も多いと思いますが、ロックモードについては初めて耳にする方がいらっしゃるかもしれません。ロックモードは生徒がテスト中に他のタブを開いたり他のアプリを開くことができないようにする機能です。この機能を有効にするためには、生徒が学校の管理対象のChromebookを利用している必要があります。たとえ同じアカウントでログインしていても、他のパソコンやスマートフォンでは解答できません。また、解答中に一度テストを閉じた（ロックモードを解除した）後で、もう一度テストを再開すると教師に通知が送信されます。公平さを保ってテストを実施することができ、小テストや定期テストで利用されています。

▶ロックモードを有効にするには

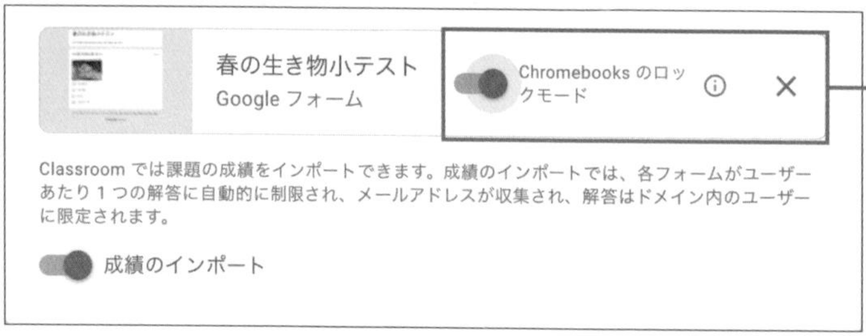
春の生き物小テスト
Google フォーム
Chromebooks のロックモード
Classroom では課題の成績をインポートできます。成績のインポートでは、各フォームがユーザーあたり 1 つの解答に自動的に制限され、メールアドレスが収集され、解答はドメイン内のユーザーに限定されます。
成績のインポート

課題の［Chromebooksのロックモード］をクリックしてオンにする

設定はこれだけでOK！ 管理対象のChromebookを使うという前提になりますが、オンライン状態の端末を使って、公正な試験が実施できます

▶ 管理対象のChromebookでフォームを開いた時の画面

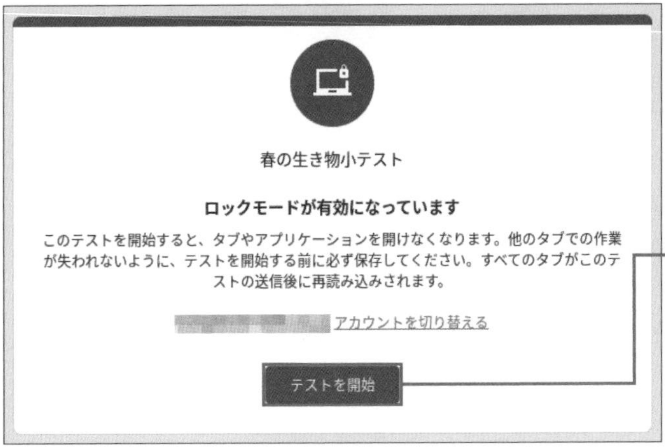
春の生き物小テスト
ロックモードが有効になっています
このテストを開始すると、タブやアプリケーションを開けなくなります。他のタブでの作業が失われないように、テストを開始する前に必ず保存してください。すべてのタブがこのテストの送信後に再読み込みされます。
アカウントを切り替える
テストを開始

フォームをクリックすると、ロックモードが有効になっていることが表示される

[テストを開始] をクリックして回答を始める

▶ 管理対象外のデバイスでフォームを開いた時の画面

春の生き物小テスト
このテストにアクセスできません。
ロックモードが有効になっています。このテストを開くことができるのは、管理対象の Chromebooks を使用している回答者のみです。 詳細

生徒用のアカウントで、管理対象外のデバイスからClassroomを表示している場合は、フォームをクリックしてもテストを開始できない

▶ 生徒が一度中断して再開した場合の通知

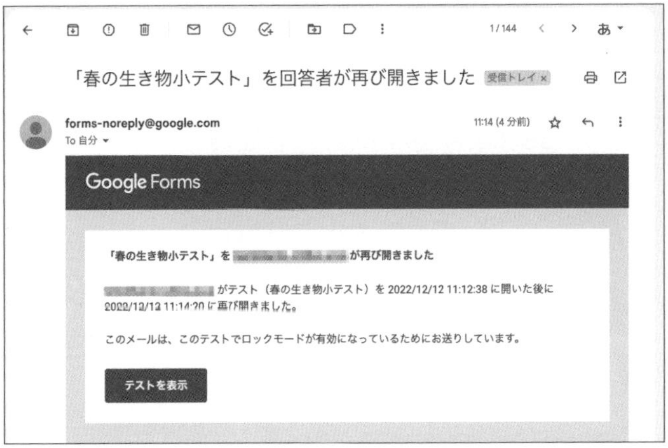
1 / 144
あ
「春の生き物小テスト」を回答者が再び開きました
受信トレイ ×
forms-noreply@google.com
To 自分
11:14 (4 分前)
Google Forms
「春の生き物小テスト」を が再び開きました
がテスト（春の生き物小テスト）を 2022/12/12 11:12:38 に開いた後に 2022/12/12 11:14:20 に再び開きました。
このメールは、このテストでロックモードが有効になっているためにお送りしています。
テストを表示

生徒がフォームを一度閉じて再表示した場合は、教師のメールアドレスに通知が送信される

Lesson 51 [活用事例] 定期テストもフォームで実施！ 船橋市立飯山満中学校の活用事例

このレッスンのポイント

船橋市立飯山満中学校の辻史朗先生の活用事例を紹介します。辻先生はGoogle認定トレーナー/コーチの資格をお持ちで、GEG Chiba Cityのリーダーです。いち早く定期テストでのフォーム活用を導入していらっしゃいます。まずは小テストから試していきましょう。

寄稿：辻史朗

ロックモードを小テストで使ってみる

ロックモードはGoogleフォームで公正なテストが実施できる機能です。この機能を活用し、教師と生徒が慣れてくれば定期テストをGoogleフォームで実施することも可能になります。とはいえ、実施には先生や生徒のスキルアップが必要になります。

まずは授業内の小テスト（5〜10問）などで活用し始めることをおすすめします。最初は選択式の問題のみで作問し、1人1台端末を活用してテストが実施できることを生徒たちに体感してもらいましょう。

次に生徒たちのタイピングスキルの向上を見ながら記述式の問題も織り交ぜたテストにチャレンジしてみましょう。

最後に、単元テストのような形で出題数を多くして実施してみましょう。こういった小さな段階を踏むことでPCでテストを受けることに対する生徒たちの抵抗感や不安も軽減されていきます。

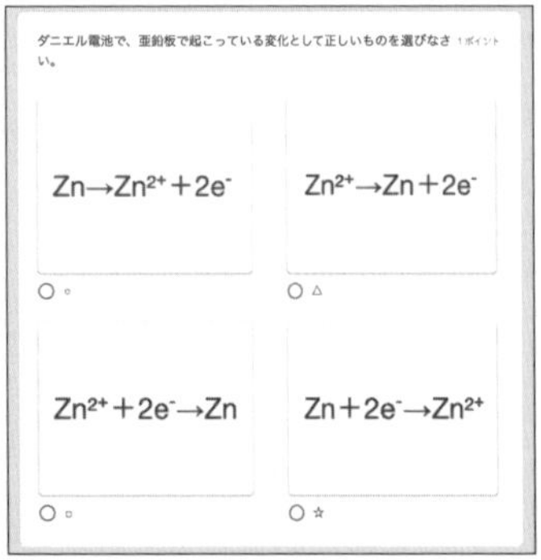
ダニエル電池で、亜鉛板で起こっている変化として正しいものを選びなさい。
1ポイント
$Zn \rightarrow Zn^{2+} + 2e^-$
$Zn^{2+} \rightarrow Zn + 2e^-$
$Zn^{2+} + 2e^- \rightarrow Zn$
$Zn + 2e^- \rightarrow Zn^{2+}$

教師と生徒が慣れるために小テストから試してみる

慣れてくれば通常のテスト風景と同じ雰囲気になる

定期テストでやってみよう！

定期テストでの実施にあたっては、まずは管理職の理解を得ることが大切です。授業内で小テストを実施する際、事前に管理職に伝え、実際のようすを見てもらうとスムーズに進みます。早い段階で問題を作成し、管理職に体験してもらうとよいでしょう。次に生徒、保護者の理解を得ることです。特にタインピングスキルが低い生徒は、キーボードで入力するテスト形式に大きな不安をいだきます。事前に記述式の問題がどの程度出題されるかなどを伝えておくといいでしょう。また、不安になる保護者もいますので、早い段階（実施日2~3週間前）でアナウンスすることをオススメします。

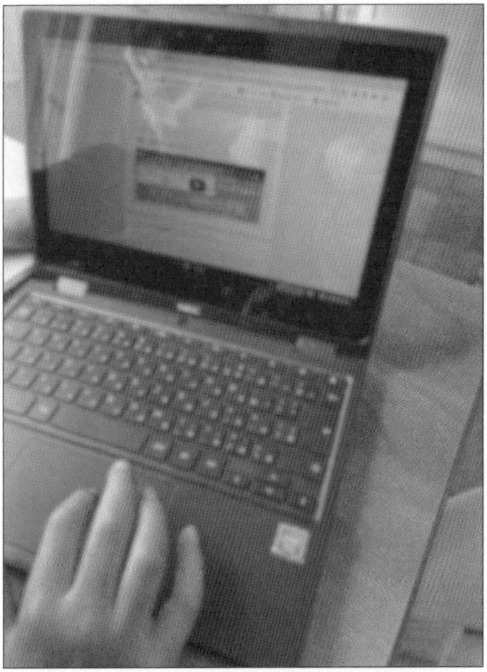

管理職、生徒、保護者に協力してもらい、スムーズにテストが行えるようにしよう

最後に問題の構成を考える必要があります。Googleフォームで今まで通りのテストをすべて再現することは不可能です。指導と評価の一体化をもとに授業改善をする中で、「この観点は授業内で評価できているので、定期テストではこの観点にフォーカスして出題しよう」といった定期テストの位置付けを変えて問題の構成を考える必要があります。また、フォームで実施する部分とプリントで実施する部分を分けるといったハイブリッドなやり方もできます。

フィードバックや解き直しも活用しよう

Googleフォームでテストを作成すると、各問題にフィードバックを設定することができます。このフィードバックにはテキストはもちろん、リンクやYouTubeの動画を追加することができます。さらに、正解だった生徒と不正解だった生徒とでフィードバックの表示内容を変えることもできます。正解だった生徒にはより発展的な内容、不正解だった生徒には基本的な復習内容を設定することで個別最適な学びを実現することにつながります。

また、テストのGoogleフォームのコピーを作成し、テストを再実施することで「解き直し」も簡単にできます。今まで解き直しに消極的だった生徒も100点が取れるまで繰り返し解き直すなど粘り強く学習に取り組む姿も見られます。

COLUMN

成績のインポートができないときは

Googleフォームでテストを行ったときに、Classroomにテストの成績をインポートできないというご相談をいただくことがあります。多くの場合はフォームの他にPDFやYouTubeなどの複数のファイルを添付してしまっていることが原因です。［テスト付きの課題］では、テスト設定されたフォームのみを添付するようにしてください。他にもファイルを付けたい場合には、［資料］で投稿しましょう。複数のフォームでテストを添付する場合も1つずつ［テスト付きの課題］を作成してください。
また、フリーのアカウント（gmail.com）ではこの成績のインポートの機能は利用できませんので、学校のアカウントで［成績のインポート］がオンになっているかを確認してください。

成績を読み込むには、次の3つの条件を満たす必要があります。

①対象のテスト以外に課題に添付されているテストがない
②生徒の解答は1回に制限され、生徒は教師と同じドメインに所属している
③フォームで生徒のメールアドレスを収集している

これらの設定を変更したり、課題を保存または投稿した後で課題を編集したりすると、成績を読み込めなくなる可能性がありますので注意してください。

▶インポートができない原因の例

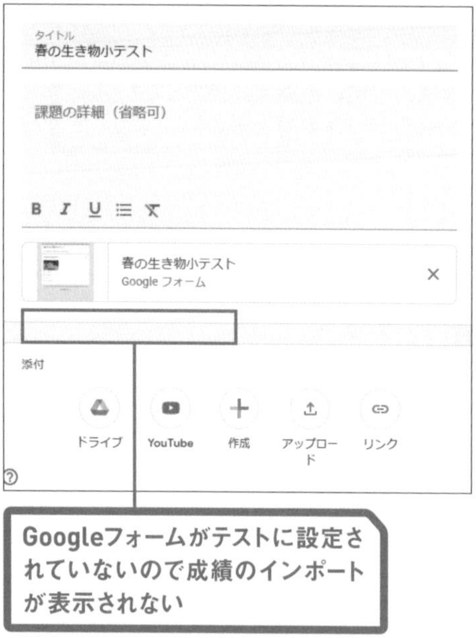

Googleフォームがテストに設定されていないので成績のインポートが表示されない

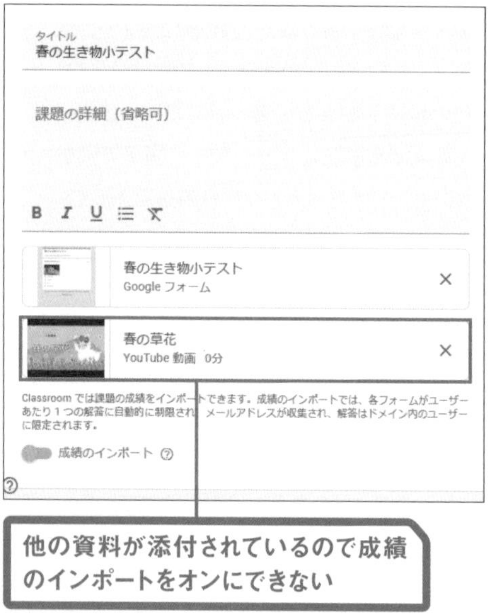

他の資料が添付されているので成績のインポートをオンにできない

Chapter

7

授業や宿題にYouTube動画を活用しよう

YouTubeにはたくさんの学びのコンテンツがあります。授業の復習用や興味関心を持たせる目的で積極的に活用していきましょう。

Lesson 52
[動画教材の目的]

目的に合わせた動画教材の活用を考えよう

このレッスンのポイント

動画教材を活用することで、生徒に興味関心を持たせたり、復習に活用したりなど様々な効果を期待することができます。このレッスンではどのような場面でどのような動画教材を用いることが適切なのか、目的に合わせた活用方法について紹介します。

授業の予習として活用する

動画教材の活用方法は大きく分けて3つです。1つ目は授業前の予習、2つ目は授業中の補足、3つ目は授業後の復習としてそれぞれ視聴することです。
授業の前に動画で予習し、授業に参加することは、従来の「授業で学習して自宅で復習する」という流れを反転させているため、「反転授業（学習）」と呼ばれています。基礎知識をインプットした状態で授業に臨み、発展問題やディスカッションなどによって学びを深めることができます。また、これまで宿題として与えていた課題に対して、教師が個々の生徒に合わせた指導を行うこともできます。
予習として動画教材を活用する際には、生徒がきちんと動画を視聴するように、感想やまとめなどを提出させたり、前の授業で動画を視聴したくなるように仕向けるなど、工夫が必要になります。

▶[課題]として予習用に視聴させる

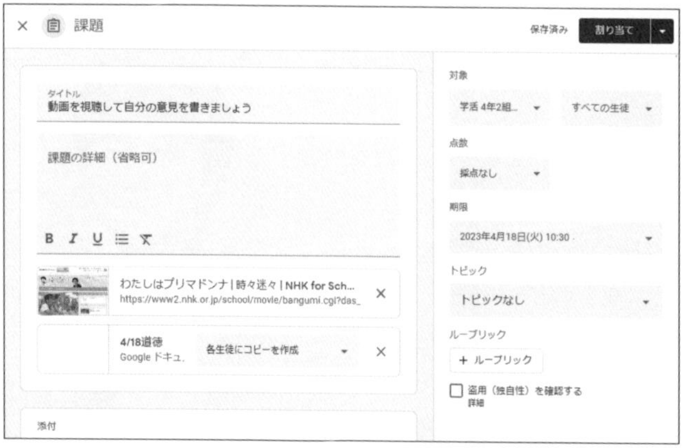

次の授業の予習ができる動画を[課題]として生徒に出す

生徒が動画を視聴することで反転授業が可能になる

授業中に補足として活用する

授業中の活用方法としては、授業の補足として利用したり、動画で問題提起してディスカッションを始めたりするなど様々な方法があります。
おすすめは、先生が普段何度も繰り返し説明していることを動画にすることです。理科の実験の手順や、音楽や体育の実技のお手本を動画にしておけば、教師は動画を見せるだけで説明ができ、生徒も必要な時に何度でも見返すことができます。

▶[資料]として授業中に視聴させる

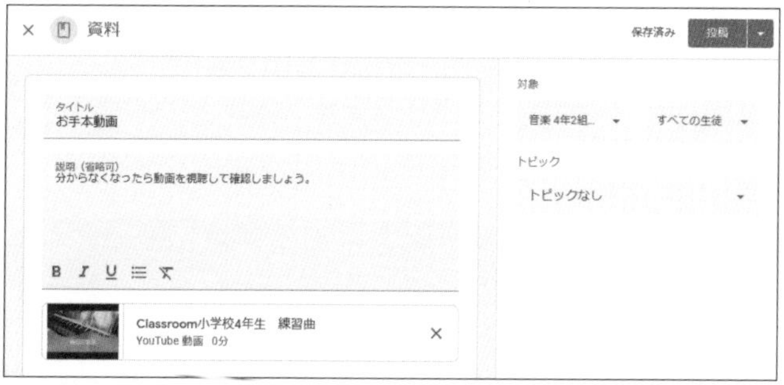

[資料]として添付し、授業中に視聴することで、繰り返し説明する手間と時間を省ける

授業後に復習として活用する

生徒が授業後により深く学ぶための参考資料として、発展的な内容の動画を添付できます。また、間違いが多かった問題や、授業中に解説できなかった問題の解説動画を添付するのも有効です。
授業の様子を録画したものや、問題の解説動画を作成してYouTubeにアップロードすると、生徒は動画を視聴して復習ができ、テストの前に繰り返し見返すことができます。
それぞれの目的に応じた動画を検索、もしくは作成することで、生徒のモチベーションを維持・向上させ、効率よく学習が進められるようにサポートしましょう。

▶[資料]として復習用に視聴させる

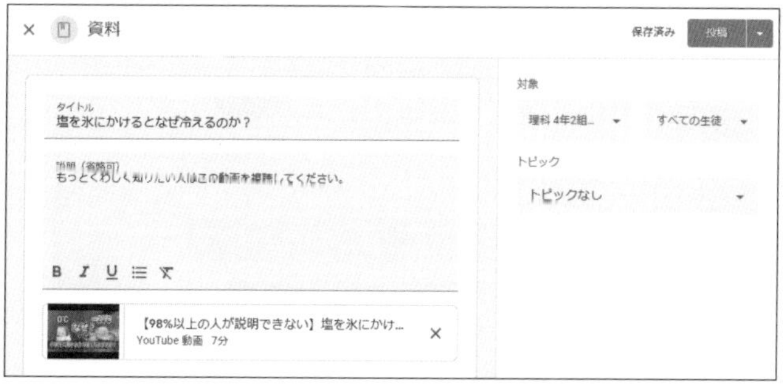

動画は生徒がいつでも視聴できるので、作成しておくと復習する機会を増やせる

Lesson 53

[課題に動画を添付する]

YouTube動画を［課題］に添付するには

このレッスンのポイント

YouTubeのアイコンからClassroom上で検索して添付もできますが、ここではYouTubeで検索して動画のリンクをコピーして添付する方法を紹介します。課題として割り当てることで、誰が完了したかを一覧で確認することができます。

動画を[課題]に添付するには

1 [課題]にリンクを追加する

Lesson27を参考に［**課題**］を作っておきます。

1 ［**リンク**］をクリックします。

2 YouTube動画のリンクを貼り付けます。

3 ［**リンクを追加**］をクリックします。

ワンポイント YouTube動画のリンクを取得するには

YouTube動画のリンクは、動画画面の下の［共有］をクリックして取得できます。アドレスバーのURLをコピーしたり、動画画面上で右クリックから［動画のURLをコピー］をクリックしてコピーすることもできます。

［共有］をクリックして表示されるリンクをコピーする

2 動画の内容を確認する

動画の内容がプレビューされるので確認します。

1 **[動画を追加]** をクリックします。

動画が **[課題]** に添付されました。

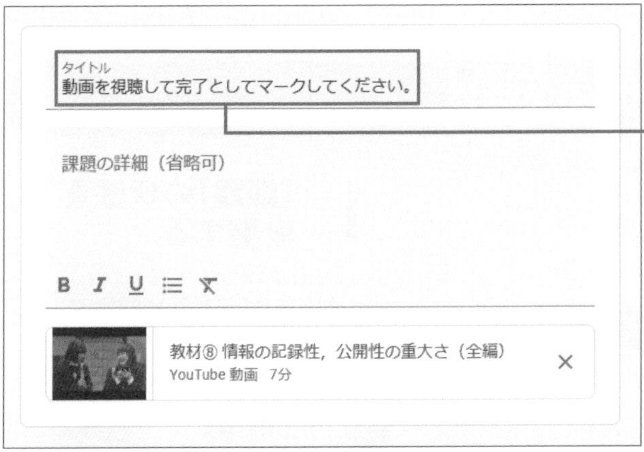

2 動画を見たら **[完了としてマーク]** を行うことをタイトルなどに入れておきましょう。

[割り当て]をクリックして **[課題]**を生徒に割り当てます。

ワンポイント 生徒の視聴状況を確認するには

動画を視聴した後に完了マークを付けさせることで、どの生徒が動画を視聴したか確認できます。操作方法については次のレッスンで紹介します。

Lesson34で紹介した[課題を表示]で生徒の視聴状況を確認できる

Lesson 54

[生徒画面(完了としてマーク)]

動画を視聴した生徒が「完了」をマークする方法を知ろう

このレッスンのポイント

[資料] ではなく[課題] として割り当てて、生徒が視聴後に[完了としてマーク] をクリックすることで、誰が視聴したのかを確認することができるようになります。ドキュメントやJamboardを一緒に添付して、意見や感想を書かせるのも良いでしょう。

[完了としてマーク]を使用するには

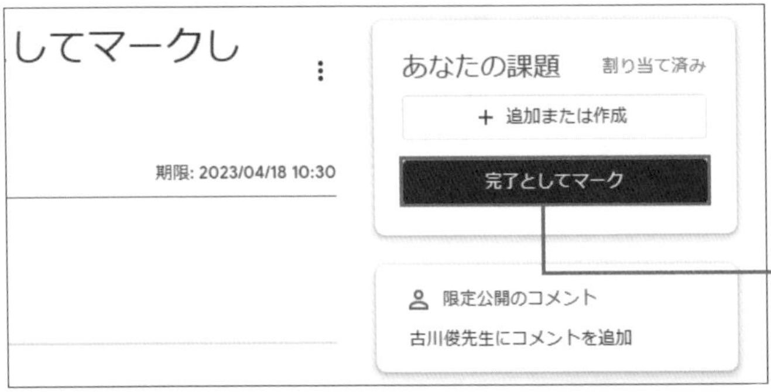

1 [課題]の状態を変更する

[課題]を表示して動画を視聴しておきます。

1 **[完了としてマーク]** をクリックします。

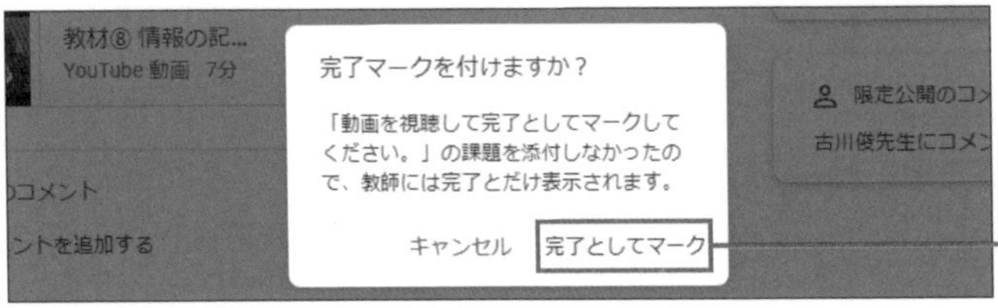

確認画面が表示されます。

2 **[完了としてマーク]** をクリックします。

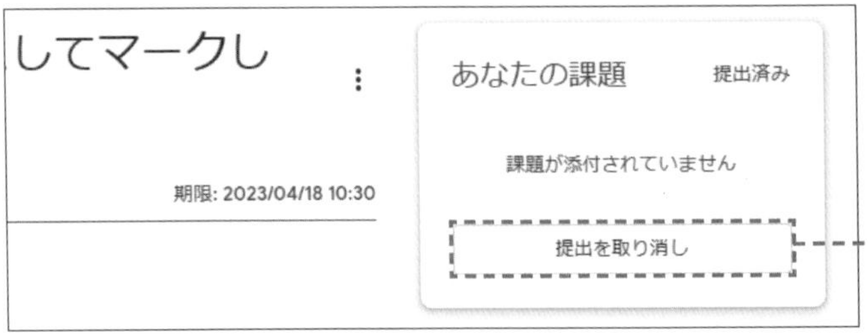

「完了」をマークできました。

[提出を取り消し]をクリックすると、最初の画面の状態に戻すことができます。

生徒が課題を確認する方法を確認しよう

生徒の授業ページには［課題を表示］のボタンがあり、［割り当て済み］［送信済み］［未提出］の課題を確認することができます。生徒はここからクラス内で提出するべき課題を素早く確認することができます。教師の授業ページにはありませんので、確認しておきましょう。

課題の一覧を表示するには

1 課題を確認する

クラスに移動して［**授業**］を表示しておきます。

1 ［**課題を表示**］をクリックします。

クラスで出されている［**課題**］の一覧が表示されます。

2 ［**割り当て済み**］をクリックします。

［**割り当て済み**］の状態の［**課題**］がすべて表示されます。

クリックすると［**課題**］の内容が表示されます。

今どの課題が残っているのかを生徒自身が確認することができます

Lesson 55 ［YouTube活用］

YouTubeの利用規約を確認しよう

このレッスンのポイント

YouTube上にある動画の全てを授業で活用できるとは限りません。一般公開されている動画で、教師が教育の目的で使う場合は基本的には問題ないと思いますが、YouTubeの利用規約は一度確認し、初めて授業で使う場合は動画の概要欄などを確認しましょう。

著作権法を遵守しよう

YouTubeは誰でも閲覧できるように公開されていますが、著作権がフリーというわけではありません。利用規約に一度は目を通しておきましょう。

YouTubeの動画はクリエイター（動画をアップロードした人）の所有物ですが、「改正著作権法第35条」により、クリエイターの利益を不当に害しなければ、授業の中で活用して良いことになっています。学校で利用する場合、基本的には著作権者の許可なく利用することができますが、判断が難しい場合は動画やチャンネルの概要欄、リンク付けされている外部サイトやSNSを確認し、それでも不明な場合には所有者に問い合わせる必要があります。

改正著作権法第35条では、「学校その他の教育機関」で「教育を担任する者」と「授業を受ける者」に対して、「授業の過程」で著作物を無許諾・無償で複製すること、無許諾・無償又は補償金で公衆送信（「授業目的公衆送信」）すること、無許諾・無償で公に伝達することを認めています。ただし、著作権者の利益を不当に害することとなる場合は、この限りではありません。

また、YouTubeのサービスを利用するには、YouTubeの利用規約には「本サービスを利用するには、13歳以上である必要があります。ただし、親または保護者によって有効にされていれば、あらゆる年齢のお子様に本サービスおよびYouTube Kids（利用可能な地域の場合）をご利用いただけます」とありますので、小学校で利用する場合は、親または保護者の同意を得るようにしましょう。

なお、Googleアカウントについても日本では13歳がユーザー自身で管理できる最低年齢です。Googleアカウントと YouTubeの利用については、同時に親または保護者の許可を得るのが良いでしょう。

▶ **YouTube利用規約**
https://www.youtube.com/t/terms

※QRを読み取ってアクセスできます

埋め込みできる動画とは

動画をYouTube上ではなく、ウェブサイトやブログ上で視聴した経験がありませんか？　それは動画がウェブサイトやブログに「埋め込み」されていて、YouTubeのサイトを表示しなくても視聴できるようになっているためです。ClassroomでもYouTubeの動画を添付することで、Classroom上で動画を視聴することができます。

しかし、YouTube上の動画にはClassroom上で視聴できる動画と視聴できない動画があります。これはクリエイターが「埋め込み」を許可しているかどうかによります。「埋め込み」が許可されていない場合はClassroom上では視聴できず、別のタブでYouTubeのサイトを表示して視聴します。[資料] などに動画を添付する際に [動画を再生できません] という表示が出る場合は、「埋め込み」が許可されていませんので、YouTubeのサイトに移動して、視聴するようにしましょう。

▶「埋め込み」が許可されていない場合

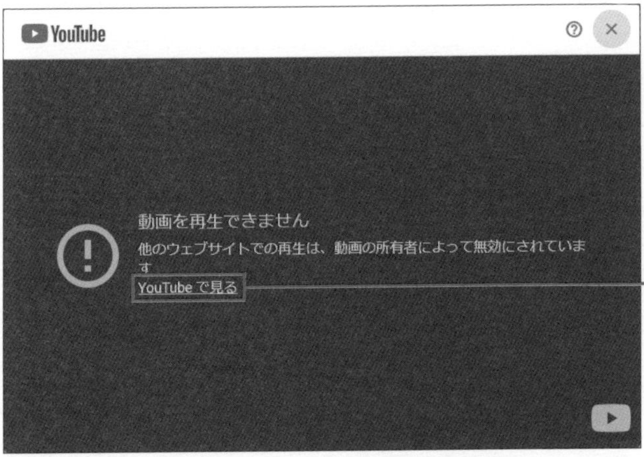

動画の製作者によって「埋め込み」が許可されていない場合は、Classroom上で再生できない

[YouTubeで見る] をクリックすると別のタブでYouTubeのサイトが表示され、動画を再生できる

▶自分でアップロードした動画で「埋め込み」を許可するには

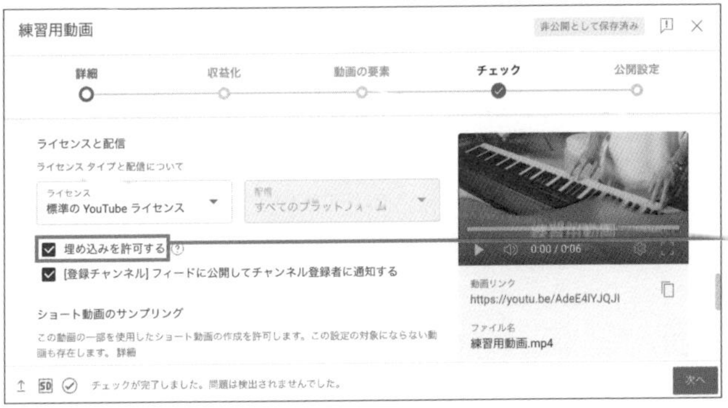

YouTubeで動画を公開する場合は、[埋め込みを許可する] をクリックしてチェックマークを付けておくと、Classroom上で再生可能になる

Lesson 56 [YouTube活用]

動画をいろいろな方法で共有しよう

このレッスンのポイント

動画を共有する方法は、ストリーム、課題、質問などいくつかの方法があります。その動画を必ず視聴する必要があるのかや、視聴した後にどのような活動を期待するかで共有の方法が異なります。適切な方法について生徒に期待する行動から考えていきましょう。

[テスト付きの課題]に使う

Lesson44で紹介したGoogleフォームにも動画を挿入できます。画像を添付したときと同様に、[テスト付きの課題] の問題の一部として使うとよいでしょう。[テスト付きの課題] の作成方法や、採点方法などについては第6章をご参照ください。この方法ではフォームの送信とともにClassroomの [テスト付きの課題] が提出済みとなり、[解答集を作成] しておくことで自動採点を行うことができます。動画であれば生徒は好きな時間に視聴ができ、また、分からない部分があれば納得がいくまで繰り返し視聴することもできます。日々の授業にぜひ活用しましょう。

▶フォームに添付して使用する

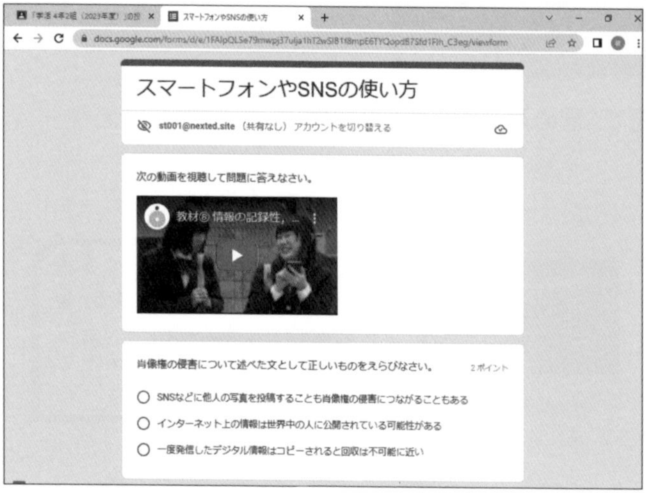
スマートフォンやSNSの使い方
スマートフォンやSNSの使い方
st001@nexted.site （共有なし） アカウントを切り替える
次の動画を視聴して問題に答えなさい。
教材⑥ 情報の記録性, ...
肖像権の侵害について述べた文として正しいものをえらびなさい。
2 ポイント
SNSなどに他人の写真を投稿することも肖像権の侵害につながることもある
インターネット上の情報は世界中の人に公開されている可能性がある
一度発信したデジタル情報はコピーされると回収は不可能に近い

[テスト付きの課題] のフォーム内に動画を挿入することで、視聴した後の確認問題を作ることができ、自動採点と自動フィードバックが可能になる

[ストリーム]で共有する

[ストリーム] は [クラス] を開いて最初に表示される場所ですので、最も目につきやすい共有の方法です。一方で、新しい投稿があるとどんどん下に流れていってしまうので、必ず確認してほしい時には [課題] として割り当てた方が確実です。今すぐに確認してほしい内容や、興味のある人だけ見てほしい内容の時には [ストリーム] を活用しましょう。

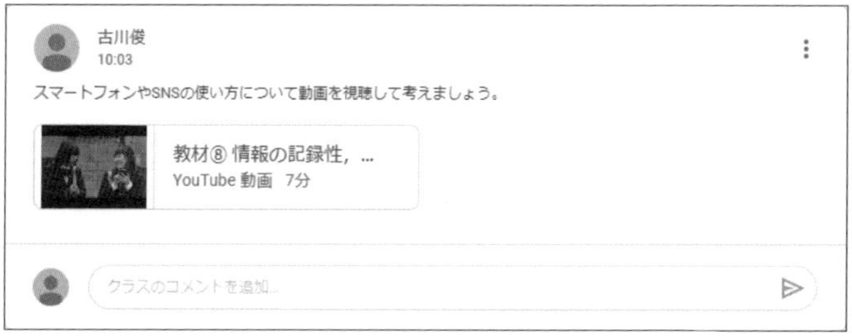

[ストリーム] で教師が共有することで生徒がすぐに動画を視聴することができる

視聴したかを確認しない場合には [資料] として投稿してもよい

[質問]で共有する

[質問] は [課題] と同様に、生徒に割り当てて誰が提出したのかを確認でき、簡単な質問を投げかけることができます。さらに、[質問] は回答した内容を生徒同士で共有することもできます。授業を始める前のアンケートとして活用したり、アンケート結果に対して生徒同士がディスカッションしたりするような目的に活かすことができます。

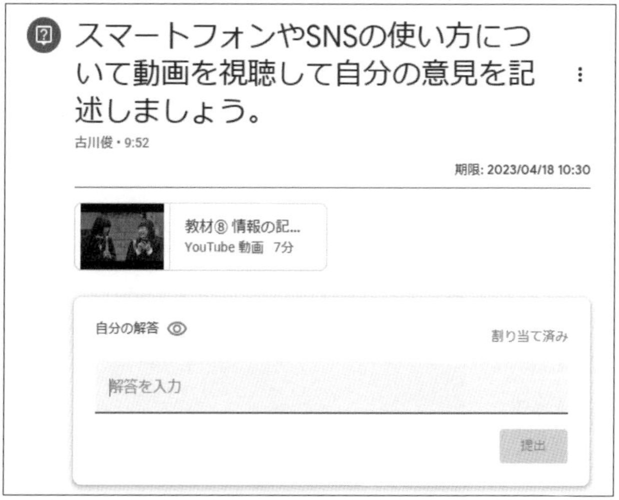

[質問] への回答は生徒同士がその場で共有できるため、動画の感想を話し合ったり、アンケート結果を全員で見たりする際に活用できる

Lesson 57

[YouTube活用]

学校で活用できるオススメのYouTubeチャンネルを紹介

このレッスンのポイント

授業で活用できるYouTubeチャンネルをまとめました。こちらに載せているものはほんの一部になりますが、学校で活用してほしいとクリエイターの方が作成したもので、私がクリエイターに直接確認して掲載していますので、安心して学校で利用することができます。

▶とある男が授業をしてみた

小中学生向けの復習動画として活用できます。国数英理社の5教科で教科書に沿って動画が作成されており、ホワイトボードに書き込みながら丁寧に解説されていてとても分かりやすい動画集です。

https://www.youtube.com/@toaruotoko

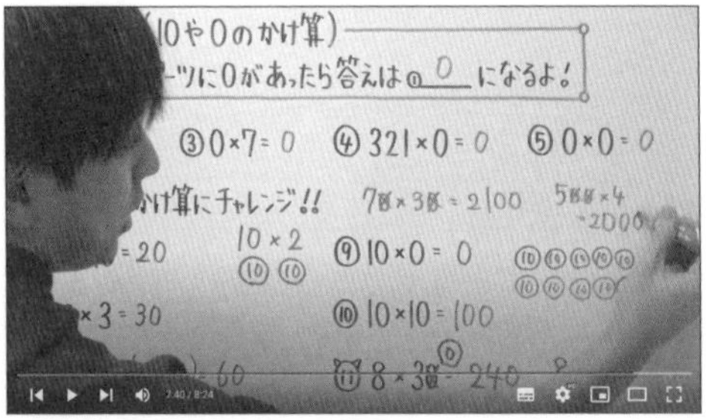

▶中学生の勉強応援『スタフリ』

中学生向けの復習動画として活用できます。英語・数学の授業の要点をまとめて分かりやすく解説されています。講師陣が個性豊かで、飽きずに楽しく視聴することができます。

https://www.youtube.com/@study_freak

▶Historia Mundi

高校生向けの復習動画として活用できます。世界史の授業を黒板に板書しながら丁寧に解説しています。毎回のテーマで深掘りした情報も加えられるので、歴史が楽しく学べます。

https://www.youtube.com/@HistoriaMundi

▶ GENKI LABO

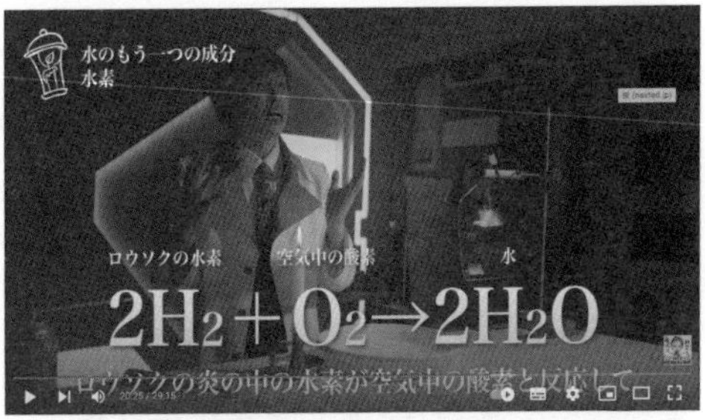

理科の興味関心を引き出す動画として活用できます。身の回りの科学で疑問に思うことを実験を通して理解することができ、楽しみながら科学を学べます。

https://www.youtube.com/@GENKILABO

▶ QuizKnockと学ぼう

「視聴者のみなさんと一緒に学び・成長する」をコンセプトにしたQuizKnockの教育系チャンネルで、学びが楽しくなるコンテンツや学びの習慣を作っていくLIVE動画が配信されています。

https://www.youtube.com/@QKmanab

▶ PASSLABO in 東大医学部発「朝10分」の受験勉強cafe

英語や数学をより深く学びたい生徒に向けて活用できます。現役東大医学部生が英語や数学のクイズに答えたり、勉強法やモチベーションを維持するための方法について解説している動画を視聴できます。

https://www.youtube.com/@passlabo

文部科学省やNHKの動画も活用しよう

上記で紹介した他にも、文部科学省/mextchannelのチャンネルでは、「情報化社会の新たな問題を考えるための教材」という再生リストがあり、ホームページには指導の手引きやワークシートが用意されています。学校における働き方改革の推進に関する動画なども配信されています。

また、「NHK for School」でも国語・算数・理科・社会・英語の5教科をはじめ、体育や道徳など学校で活用できるコンテンツが充実しています。ClassroomのYouTubeのページでは検索できませんが、リンクとして挿入することが可能です。

教師同士で活用できそうなコンテンツを共有したり、生徒が見つけたものを紹介し合ったりして活用を進めていきましょう。

Lesson 58

[活用事例]

Google Classroomで楽しく習慣化！岡山市立横井小学校の活用事例

このレッスンのポイント

岡山市立横井小学校遠藤隆平先生のClassroom活用事例を紹介します。遠藤先生はGoogle認定トレーナーの資格をお持ちで、小学校での活用事例を学校内外に発信されていらっしゃいます。楽しく活用できる工夫を取り入れて積極的に活用していきましょう。

寄稿：遠藤隆平

お手本動画で練習＆動画提出で一人一人確認

児童にリコーダーの練習や縄跳びの宿題を出しても、「上達があまりみられない……」なんてことはありませんか？　Classroomの［課題］には、様々なデータを添付することができます。私はリコーダーの宿題を出すときに、よくYouTubeのお手本動画やメトロノームのブラウザアプリなどを添付しています。児童から宿題の感想を聞くと、「実際に演奏している動画で運指を確認できてよかった」「メトロノームでゆっくり練習できた」など、それぞれにあった練習の仕方で上達できているようです。

また、［追加または作成］を使って、児童が自分の演奏を撮影した動画を提出できるようにしています。児童の宿題は［生徒の提出物］で確認しています。この機能を使うと、児童から提出された動画を先生がみて点数をつけたり、児童一人一人にコメントをフィードバックしたりすることができます。児童の実態を把握し、次時の授業に生かしたり、個別にアドバイスできたりすることも利点です。

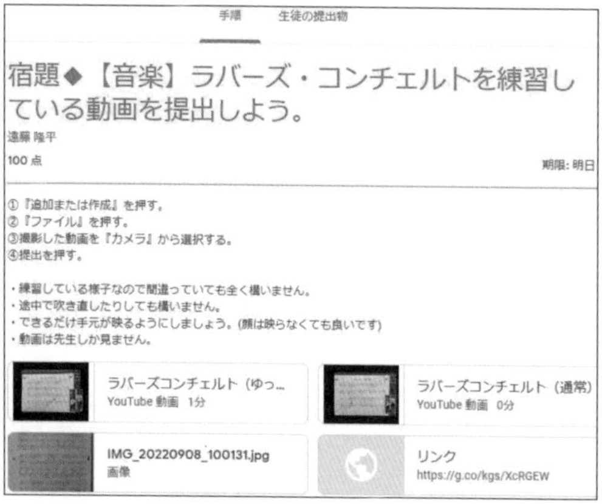
手順
生徒の提出物
宿題◆【音楽】ラバーズ・コンチェルトを練習している動画を提出しよう。
遠藤 隆平
100 点
期限: 明日
①『追加または作成』を押す。
②『ファイル』を押す。
③撮影した動画を『カメラ』から選択する。
④提出を押す。
・練習している様子なので間違っていても全く構いません。
・途中で吹き直したりしても構いません。
・できるだけ手元が映るようにしましょう。(顔は映らなくても良いです)
・動画は先生しか見ません。
ラバーズコンチェルト（ゆっ...
YouTube 動画　1分
ラバーズコンチェルト（通常）
YouTube 動画　0分
IMG_20220908_100131.jpg
画像
リンク
https://g.co/kgs/XcRGEW

お手本動画を付けた［課題］を宿題として出して、生徒の練習をサポートしている

Googleドキュメントで宿題提出

ClassroomとGoogleドキュメントの相性は抜群なのではないでしょうか。
まずは、音読の宿題です。児童は、教師からClassroomで配られたドキュメントに、指定された教科書の範囲を、音声入力を使って音読していきます。従来の音読カードでは、サイン1つで宿題が終わってしまっていましたが、Googleドキュメント上に記録されることで、丁寧に宿題に取り組むようになり、国語の授業でも成果が出ています。Classroomの［コメントバンク］の機能を使えば、スムーズに宿題チェックもできます。
次に、壁新聞の宿題です。単元のまとめや行事の後、係・委員会活動時に、壁新聞を作る場面は多いのではないでしょうか。Classroomでは、教師が作ったテンプレートを［各生徒にコピーを作成］から配付できます。Classroomで課題の期限を設定して提出させることもできるので、児童も見通しをもって課題に取り組むことができています。また、児童が書いた文章をClassroom上で開くと、自動でドキュメントの［提案モード］に切り替わり、教師が児童に対して、修正すべき点を正確に示すことができます。
さらに、提出された課題を、いつでもどこでも教師の都合のよいタイミングで添削できるのもポイントです。隙間時間を有効に活用した、教師の働き方改革に繋がっていると実感しています。

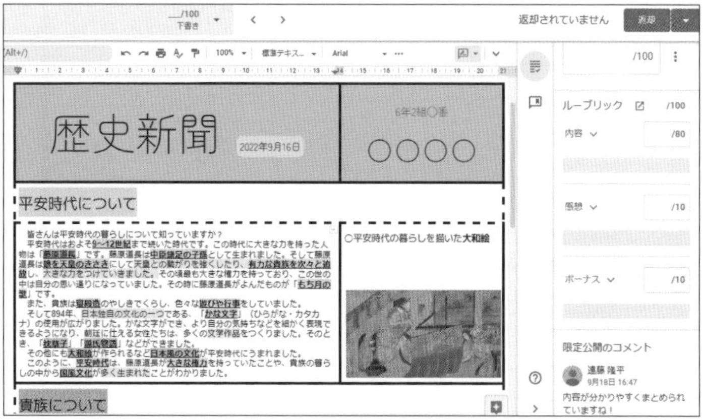

壁新聞のテンプレートを作り、［各生徒にコピーを作成］で児童に配布して内容を相互に編集している

完了ボタンで瞬時に把握

紙の宿題プリントを使う場合も、Classroomを併用すると効率がアップします。教師がClassroomの［課題］で宿題の答えを撮影したものを添付し、答え合わせが終わったら児童に［完了としてマーク］を押すように伝えておきます。すると、Classroom上で誰が作業が終わったかをすぐに把握できます。また［追加または作成］からプリントを撮影した画像を提出させると返却の手間も省くことができます。

ワンポイント 通知を設定しよう

Classroomにコメントで返信があったり課題が再提出された時には通知がくるように最初から設定されていますが、この設定は変更することができます。教師と生徒で設定できる通知の種類が異なりますので、設定の方法を確認して、適切な通知を選択できるようにしましょう。

▶通知の設定画面

通知の設定画面はLesson08を参考に[設定]をクリックして表示できる

教師と生徒で設定可能な項目が異なる

▶生徒への通知画面

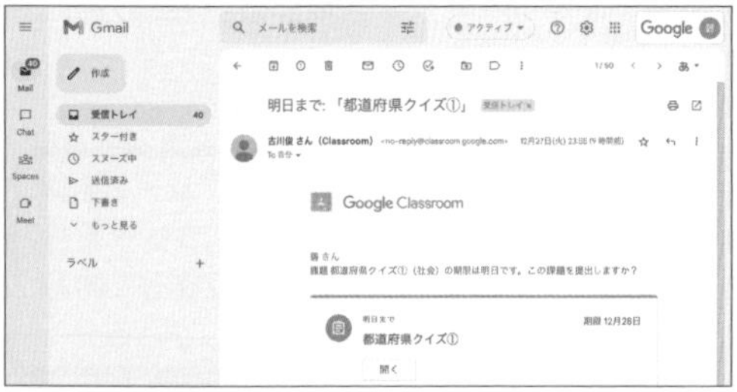

通知はメールで送信される

▶設定可能な項目

設定項目	教師	生徒
自分の投稿へのコメント	○	○
自分の名前リンク付きのコメント	○	○
課題に関する限定公開のコメント	○	○
生徒からの期限後の課題提出	○	-
生徒の課題の再提出	○	-
共同授業への招待	○	-
スケジュール投稿の公開成功または失敗の通知	○	-
教師からの課題やその他の投稿	-	○
教師から返却された課題と成績	-	○
生徒としてクラスへ招待	-	○
課題期限に関するリマインダー	-	○

Chapter

8

採点・返却を効率よく行おう

採点・返却などの作業時間はできるだけ短縮し、生徒に送るフィードバックに時間をかけて生徒の学習意欲を維持・向上させていきましょう！

Lesson 59 ［採点］

採点作業を効率化して生徒のための時間を作ろう

このレッスンのポイント

Classroomは確認が必要な［課題］を自動でリスト化してくれます。採点から返却、そしてフィードバックをシームレスに行うことで、作業にかける時間を減らし、個別の生徒に対する声かけやコメントに時間をかけることができます。

生徒はコメントを楽しみにしている

生徒にテストを返却する際に、頑張ったところやよくできたところ、惜しかったところや勘違いしているところなど、個別に声かけをしたいと思ったことはないでしょうか？　授業時間内に一人ひとりに声かけをしていくと時間がかかってしまい、十分なフィードバックを与えることが難しいです。
Classroomの機能を使えば、採点や返却の作業が効率化され、成績処理が格段に早くできます。それだけではなく、生徒に対して限定コメントを送ることができるので、採点後すぐにフィードバックのコメントを記述して送ったり、生徒からの返信に対してさらにコメントを返すことができたりします。
生徒は少しのコメントでも楽しみに思っていて、モチベーションの維持・向上につながります。
Classroomを活用して作業の部分は自動化・効率化し、先生にしかできないことに時間をかけ、より良い教育を行っていきましょう。

生徒に適切なフィードバックを
行う時間を作りましょう！

チェックが必要な課題を確認する

Classroomの機能［チェックが必要な課題］で、［課題］の状況を一覧で確認できます。［課題］を割り当てた後に、その［課題］が提出されたかをそれぞれを開いて確認する必要はありません。メインメニューから［チェックが必要な課題］を選択すれば、全てのクラスでチェックが必要な［課題］の一覧を確認でき、［課題］をクリックすると採点画面に移動できます。また、クラスごとに確認もできます。

◯[チェックが必要な課題]を表示するには

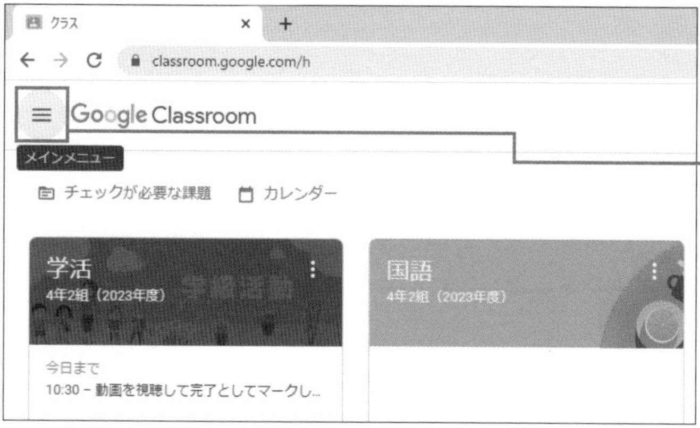

1 課題を確認する

1 [**メインメニュー**]をクリックします。

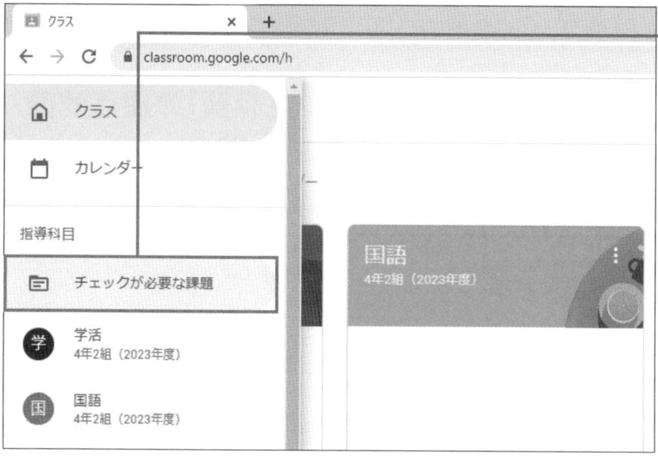

2 [**チェックが必要な課題**]をクリックします。

POINT
チェックが終わった課題は［チェック済み］に移動させることができます。再提出がある課題は、全員分採点を終えても移動させないで残しておくことができます。詳細は章末のCOLUMNを参照してください。

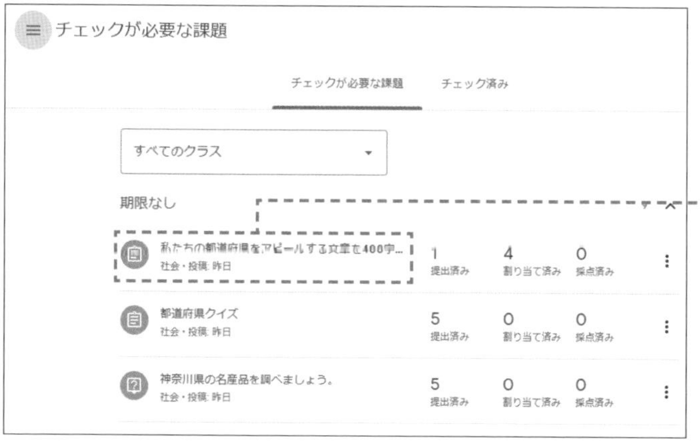

チェックが必要な[**課題**]の一覧が表示されました。

個々の[**課題**]をクリックすると採点画面に移動できます。

Lesson 60

[コメント・返却]

[課題]を採点してコメント付きで返却しよう

このレッスンのポイント

提出された[課題]や[テスト付きの課題]、[質問]は点数を付けて返却できます。点数とともにその生徒しか見られない限定コメントを付けられますので、ぜひ一言添えて返却しましょう。先生の少しのコメントが生徒のモチベーションアップにつながります！

[課題]にコメントを付けて返却するには

1 [課題]の採点画面を開く

[授業]ページを表示します。

1 [課題]のタイトルをクリックします。

[課題]の内容が表示されます。

2 [課題を表示]をクリックします。

生徒の提出物の一覧が表示されます。

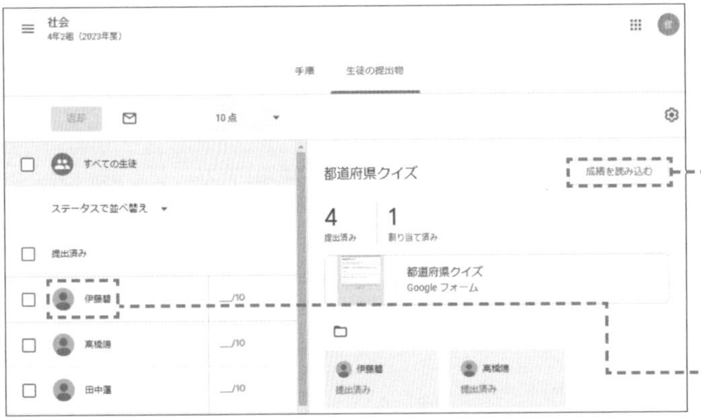

テスト付きの課題ではフォームに点数を設定（Lesson43、45）しておくことで、**[成績を読み込む]**をクリックして点数を下書きとしてインポートできます。

生徒名をクリックすると個別の回答が表示できます。

2 コメントを記入して返却する

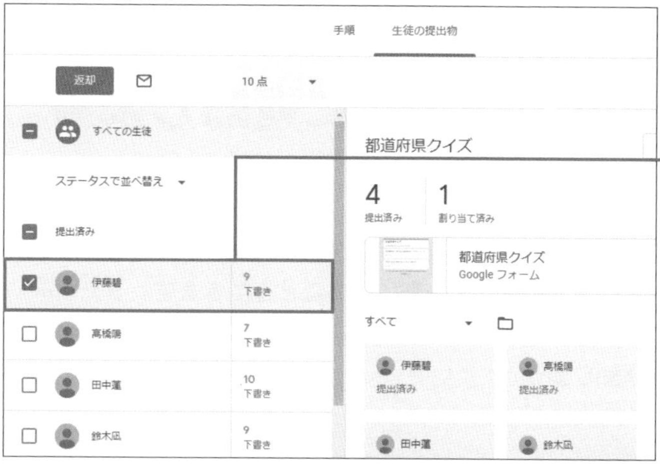

1 コメントを入れて返却したい生徒にチェックマークを付けます。

生徒名をクリックして返却せずに限定コメントのみを送信することもできます。

2 **[返却]** ボタンをクリックします。

コメントを入力するための画面が表示されます。

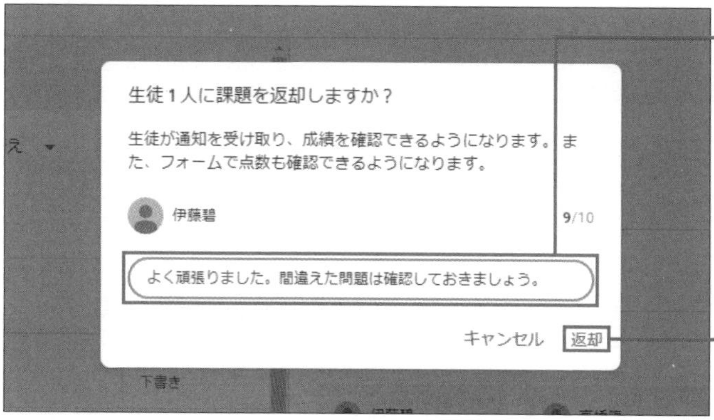

3 生徒向けのコメントを入力します。

4 **[返却]** をクリックします。

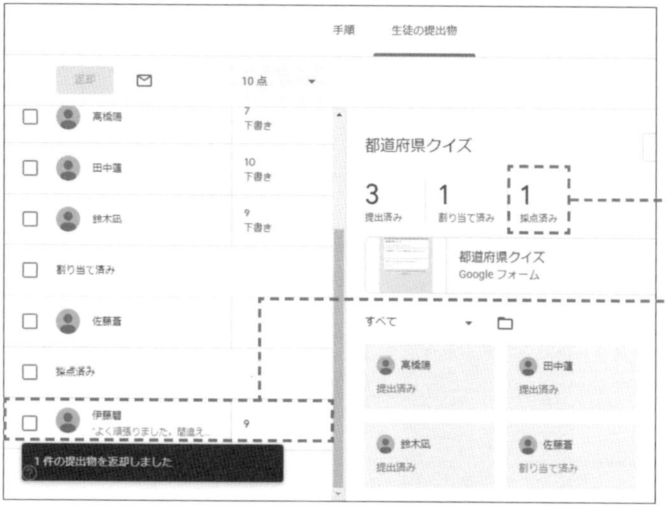

[課題] の一覧画面が表示されます。

採点が終わった生徒数が **[採点済み]** に表示されます。

生徒の一覧に **[採点済み]** の項目が追加され、採点が済んだ生徒名が表示されます。

点数を修正する場合はLesson61をご参照ください。

Lesson 61 [コメント・返却]

定型のコメントを一斉に返却しよう

このレッスンのポイント

点数を下書きで入れておけば一斉に同じタイミングで返却できます。この際、同じコメントであれば一斉に送ることもできます。また、一斉に返却してから個別の限定コメントを送信することもできますので、うまく使い分けましょう。

[課題]を一斉に返却するには

1 一斉に返却する

それぞれの生徒の点数を入力しておきます。**[テスト付きの課題]**は点数をフォームからインポートすることができます（Lesson48）。

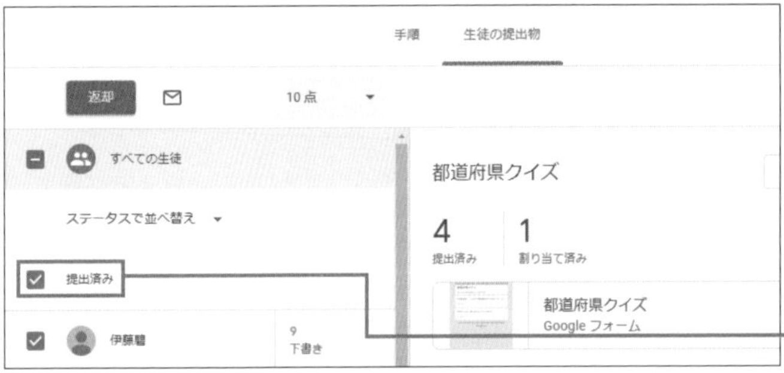

1 **[提出済み]**をクリックします。

2 **[返却]**をクリックします。

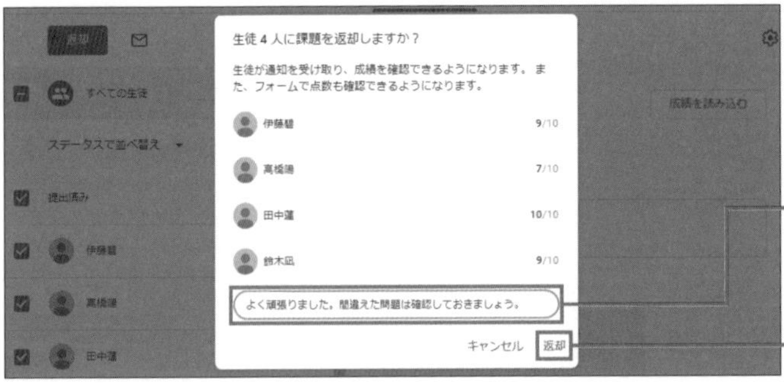

コメントを入力する画面が表示されました。

3 共通コメントを入力します。

4 **[返却]**をクリックします。

2 返却を確認する

下書きで入力していた点数がコメント付きで生徒に返却されました。

採点して返却した**[課題]**は**[提出済み]**から**[採点済み]**に移行します。

ワンポイント 点数を修正するには

点数は修正することができ、点数を入力して[返却]をクリックすると生徒に通知され、上書きされます。なお、点数を修正した場合、再度[成績を読み込む]をクリックすると、自動採点の結果で上書きされますので注意してください。

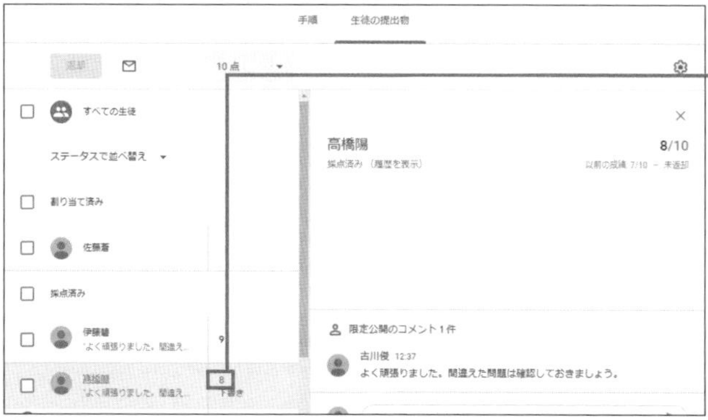

[課題]の[生徒の提出物]の画面でここをクリックして点数を変更できる

修正後に[返却]をクリックして成績を変更し、生徒に通知する

[成績を読み込む]は何度でも行ってかまいませんが、[返却]は点数が確定してから一度だけ行いましょう

Lesson 62

[コメント・返却]

提出されたファイルに点数とコメントを入力しよう

このレッスンのポイント

生徒から提出されたドキュメントやJamboardを確認しながら点数とコメントを入力して返却できます。ダウンロードしたり別のタブで確認することなく、Classroomの画面上で採点・返却ができます。ここではClassroomの機能でコメントを付ける方法を紹介します。

課題を見ながら採点結果を入力できる

GoogleドキュメントやJamboardのファイルを生徒が提出した場合に、教師はそのファイルを確認しながら点数を入力し、個別にコメントを入れて返却できます。コメントで不足分を指摘して再提出を促すことができ、その生徒にのみメールで通知を送ることも可能です。

また、生徒が［課題］を提出した後は、教師に編集権限が付与されるので、Googleドキュメントに[提案モード］でコメントをしたり、Jamboardで丸付けを行ったりして回答と一緒に採点の過程を送ることもできます（Lesson63で紹介）。先生からのメッセージをぜひ送信しましょう！

[課題]に添付されたファイルを確認するには

1 提出されたファイルを開く

Lesson60を参考に **［生徒の提出物］** を表示しておきます。

1 内容を確認したい生徒の **［課題］** をクリックします。

［課題］ の内容が表示されます。

2 成績とコメントを入力する

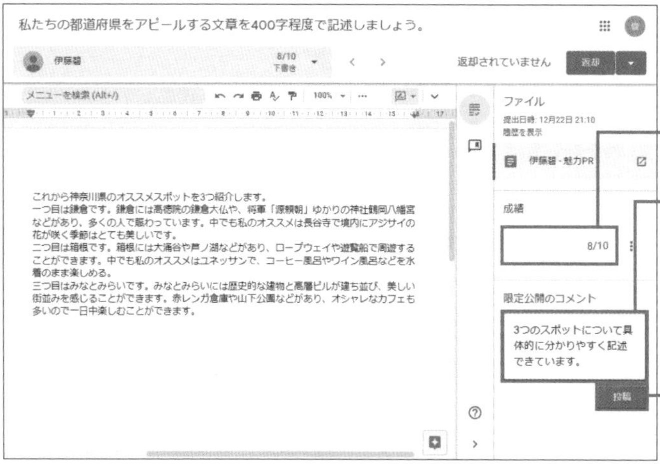
私たちの都道府県をアピールする文章を400字程度で記述しましょう。
伊藤碧
8/10
下書き
返却されていません
返却
メニューを検索 (Alt+/)
100%
これから神奈川県のオススメスポットを3つ紹介します。
一つ目は鎌倉です。鎌倉には高徳院の鎌倉大仏や、将軍「源頼朝」ゆかりの神社鶴岡八幡宮などがあり、多くの人で賑わっています。中でも私のオススメは長谷寺で境内にアジサイの花が咲く季節はとても美しいです。
二つ目は箱根です。箱根には大涌谷や芦ノ湖などがあり、ロープウェイや遊覧船で周遊することができます。中でも私のオススメはユネッサンで、コーヒー風呂やワイン風呂などを水着のまま楽しめる。
三つ目はみなとみらいです。みなとみらいには歴史的な建物と高層ビルが建ち並び、美しい街並みを感じることができます。赤レンガ倉庫や山下公園などがあり、オシャレなカフェも多いので一日中楽しむことができます。
ファイル
提出日時: 12月22日 21:10
履歴を表示
伊藤碧 - 魅力PR
成績
8/10
限定公開のコメント
3つのスポットについて具体的に分かりやすく記述できています。
投稿

1 点数を入力します。

2 **[限定公開のコメント]** を入力します。

3 **[投稿]** をクリックします。

ールする文章を400字程度で記述しましょう。
8/10
下書き
返却されていません
返却

4 **[返却]** をクリックします。

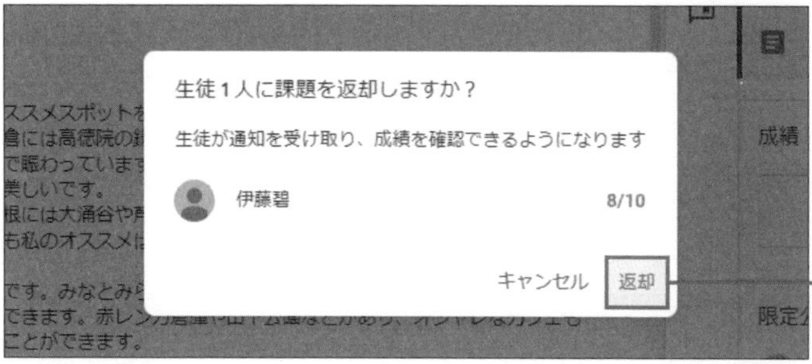
生徒 1 人に課題を返却しますか？
生徒が通知を受け取り、成績を確認できるようになります
伊藤碧
8/10
キャンセル
返却
成績

返却の確認画面が表示されます。

5 **[返却]** をクリックします。

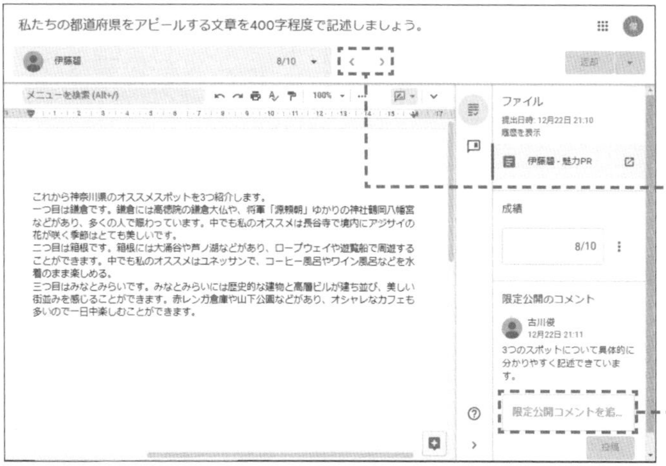
私たちの都道府県をアピールする文章を400字程度で記述しましょう。
伊藤碧
8/10
返却
メニューを検索 (Alt+/)
100%
これから神奈川県のオススメスポットを3つ紹介します。
一つ目は鎌倉です。鎌倉には高徳院の鎌倉大仏や、将軍「源頼朝」ゆかりの神社鶴岡八幡宮などがあり、多くの人で賑わっています。中でも私のオススメは長谷寺で境内にアジサイの花が咲く季節はとても美しいです。
二つ目は箱根です。箱根には大涌谷や芦ノ湖などがあり、ロープウェイや遊覧船で周遊することができます。中でも私のオススメはユネッサンで、コーヒー風呂やワイン風呂などを水着のまま楽しめる。
三つ目はみなとみらいです。みなとみらいには歴史的な建物と高層ビルが建ち並び、美しい街並みを感じることができます。赤レンガ倉庫や山下公園などがあり、オシャレなカフェも多いので一日中楽しむことができます。
ファイル
提出日時: 12月22日 21:10
履歴を表示
伊藤碧 - 魅力PR
成績
8/10
限定公開のコメント
古川俊
12月22日 21:11
3つのスポットについて具体的に分かりやすく記述できています。
限定公開コメントを追...
投稿

[課題] がコメント付きで返却されました。

ここをクリックすると前後の生徒を表示できます。

ここをクリックすると限定コメントを追加できます。

Lesson 63 [提出物を添削] 各アプリの機能を使って[課題]を添削しよう

このレッスンのポイント

Classroomでできることは[課題]を確認して点数と限定コメントを入れて返却するだけではありません。GoogleドキュメントやJamboardの機能を使うことで、提出物に添削を行うことができます。提出物の種類に合わせて使い分けましょう。

Googleドキュメントで添削する

教師は提出された[課題]を編集できますが、修正箇所を上書きしてしまうと、生徒はどこが間違っていたかわからなくなってしまいます。そのような場合はGoogleドキュメントの[提案モード]を活用しましょう。Classroomの採点ツール上で使えます。

[提案モード]に設定すると、元の文章とそれを編集した履歴がすべて記録されます。変更された箇所はコメントとして保存されるので、文章の右側に表示される一覧から確認することができ、コメントに対してさらにコメントで返すこともできます。

[提案モード]にするには

1 モードを変更する

Lesson27を参考に[**課題**]の詳細を表示しておきます。

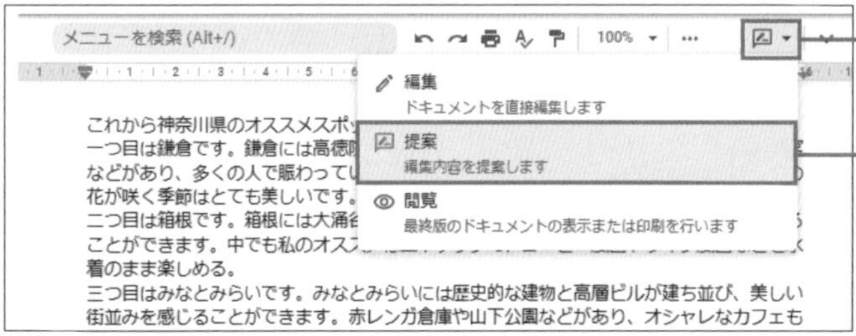
メニューを検索 (Alt+/)
100%
編集
ドキュメントを直接編集します
提案
編集内容を提案します
閲覧
最終版のドキュメントの表示または印刷を行います
着のまま楽しめる。
三つ目はみなとみらいです。みなとみらいには歴史的な建物と高層ビルが建ち並び、美しい
街並みを感じることができます。赤レンガ倉庫や山下公園などがあり、オシャレなカフェも

1 ここをクリックします。

2 [**提案**]をクリックします。

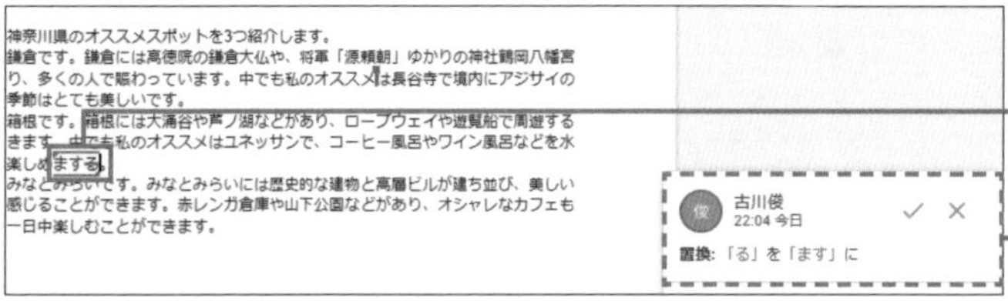
神奈川県のオススメスポットを3つ紹介します。
季節はとても美しいです。
一日中楽しむことができます。
古川俊
22:04 今日
置換: 「る」を「ます」に

3 本文を修正します。

修正した履歴が表示され、コメントに記録が追加されます。

Jamboardで丸付けをする

JamboardはClassroomの採点ツールで直接書き込むことはできませんが、教師はリンクを開いて採点やコメントが可能です。手書きで丸を付けたり、コメントを書き込んだりするときに使いましょう。

回答に直接丸を付けるには

1 Jamboardを表示する

[生徒の提出物]を表示しておきます。

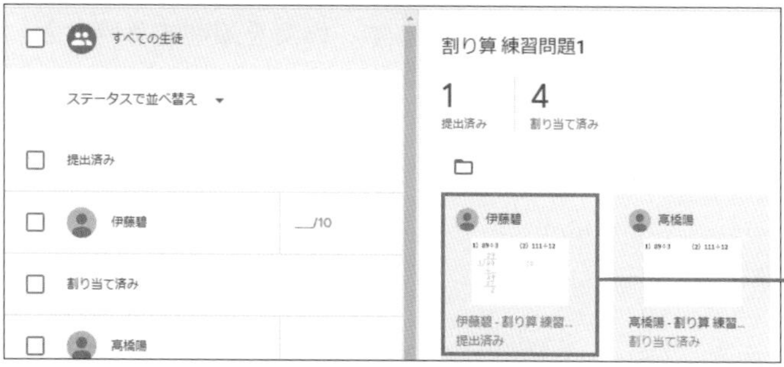

1 丸付けをしたい［課題］をクリックします。

課題の詳細が表示されました。

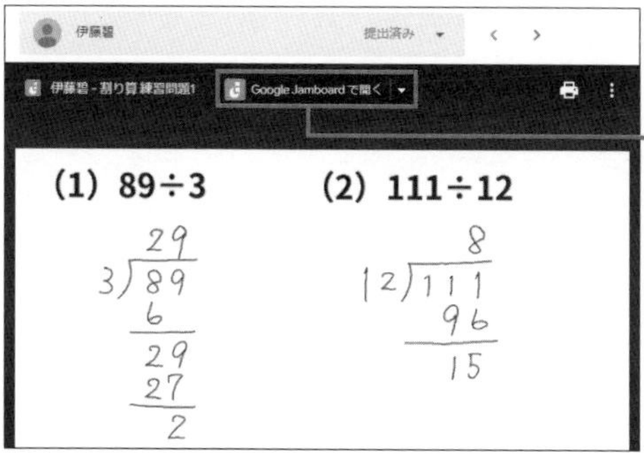

2 ［Google Jamboardで開く］をクリックします。

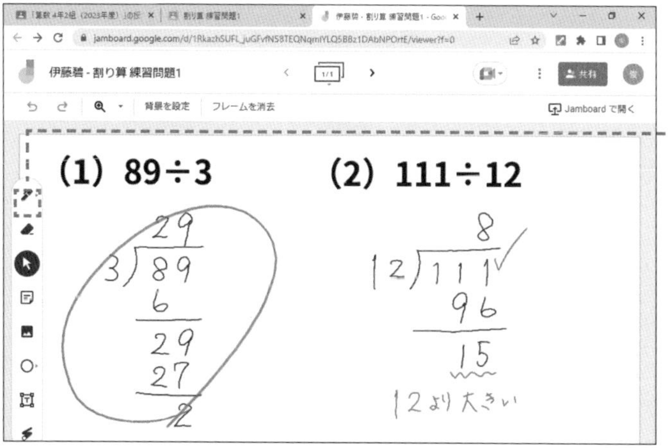

新しいタブでJamboardの画面が表示されました。

［ペン］などを使ってJamboardに書き込みます。

Lesson 64

[コメントバンク]

よく使うコメントを[コメントバンク]に登録しよう

このレッスンのポイント

採点ツールの[コメントバンク]では、よく使うコメントを登録してすぐに見つけることができます。ハッシュ記号「#」を入力すると、よく使用されるコメントが5つ表示されます。作文を添削する時などにとても便利な機能です。

コメントを追加する

コメントバンクにコメントを追加する方法は、既存のコメントを追加する方法とコメントを直接入力する方法の2つがあります。ここでは一度使用したコメントを追加する方法について紹介します。

[コメントバンク]にコメントを登録する

ピールする文章を400字程度で記述しましょう。
8/10
返却
90%
ファイル
提出日時: 12月22日 21:10
履歴を表示
ポットを3つ紹介します。
コメントバンク
伊藤碧 - 魅力PR

1 [コメントバンク]を表示する

Lesson62を参考に[**課題**]の内容を表示しておきます。

1 [**コメントバンク**]をクリックします。

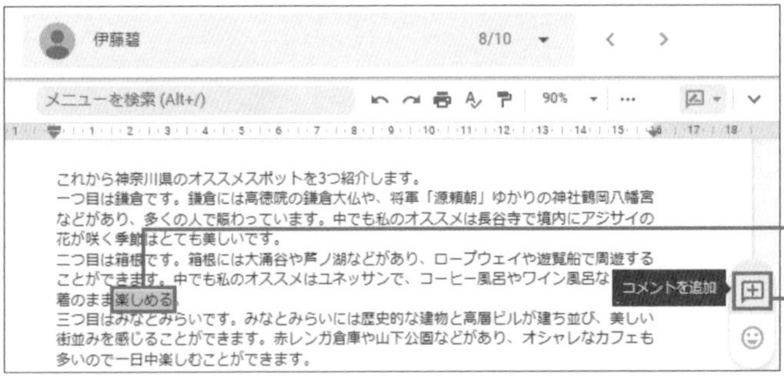

伊藤碧
8/10
メニューを検索 (Alt+/)
90%
これから神奈川県のオススメスポットを3つ紹介します。
一つ目は鎌倉です。鎌倉には高徳院の鎌倉大仏や、将軍「源頼朝」ゆかりの神社鶴岡八幡宮
などがあり、多くの人で賑わっています。中でも私のオススメは長谷寺で境内にアジサイの
花が咲く季節はとても美しいです。
二つ目は箱根です。箱根には大涌谷や芦ノ湖などがあり、ロープウェイや遊覧船で周遊する
ことができます。中でも私のオススメはユネッサンで、コーヒー風呂やワイン風呂な
着のまま楽しめる。
三つ目はみなとみらいです。みなとみらいには歴史的な建物と高層ビルが建ち並び、美しい
街並みを感じることができます。赤レンガ倉庫や山下公園などがあり、オシャレなカフェも
多いので一日中楽しむことができます。
コメントを追加

2 [課題]にコメントする

1 修正箇所を選択します。

2 [**コメントを追加**]をクリックします。

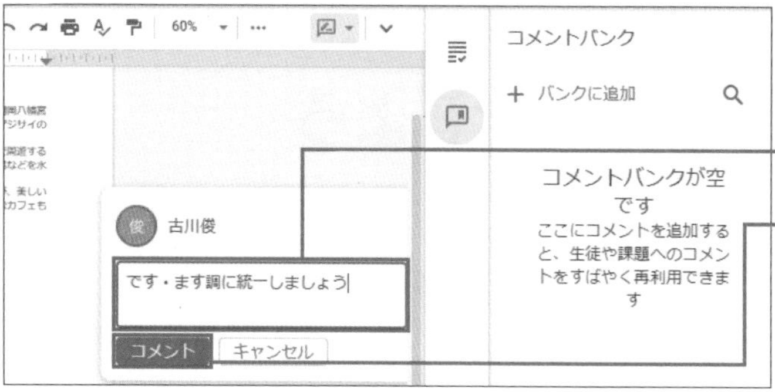

3 コメントを入力します。

4 **[コメント]** をクリックします。

ここでは **[提案モード]** で操作していますが、**[編集モード]** でもコメントは可能です。

3 コメントを登録する

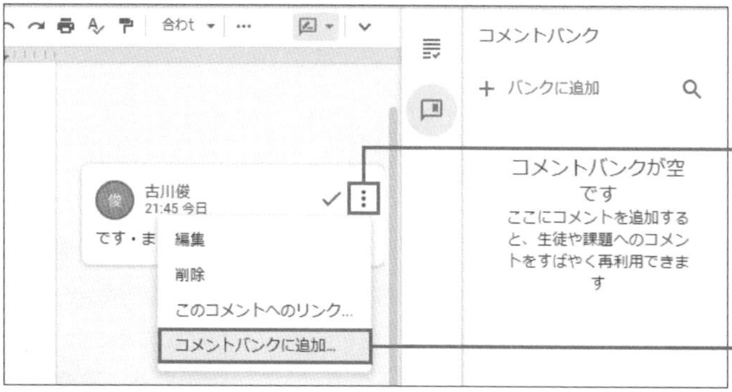

1 **[その他のオプション]** をクリックします。

2 **[コメントバンクに追加]** をクリックします。

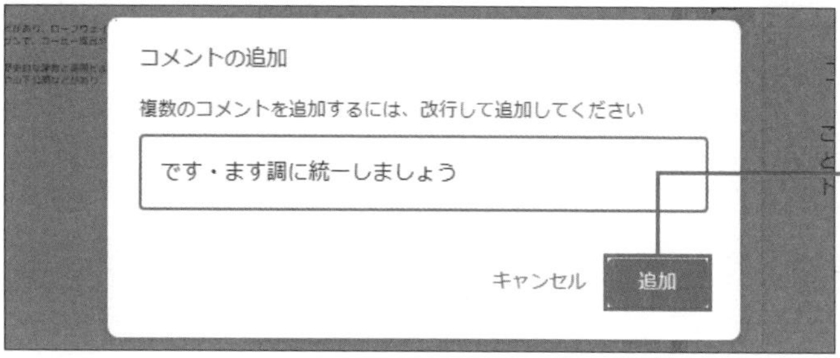

[コメントの追加] 画面が表示されました。

3 **[追加]** をクリックします。

[コメントバンク] に追加され、一覧に表示されます。

4 コメントを表示する

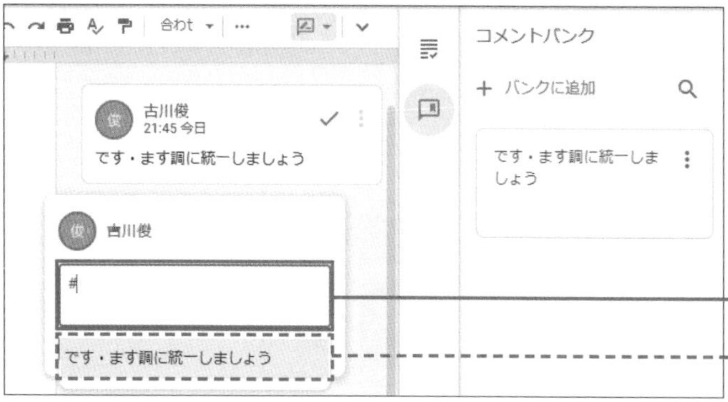

1 コメントを入力する画面に「#」と入力します。

[コメントバンク] に登録されたコメントのうち、よく使われるもの5つが表示されます。

Lesson 65 [ルーブリック]

ルーブリックを設定しよう

このレッスンのポイント

ルーブリックについて十分に理解して適切に設定することは少し難しく感じるかもしれません。しかし、ルーブリックを明確にして事前に設定しておくことで、教師は課題を評価・採点しやすく、生徒は課題に取り組みやすくなります。

評価基準を明確にする

ルーブリックとは、学習の到達度を評価する際の指標のことで、評価する基準となる行動を明確に示したものです。ルーブリックを活用することで、採点基準が明確になり、採点を効率よく行うことができます。また、生徒も評価基準が明らかになっているので、その指標に向けて努力し、改善を行うようになります。

なお、ルーブリックには学習成果全体の印象を評価する「全体的ルーブリック」や複数の観点を設定して評価する「分析的ルーブリック」などいくつかの種類がありますので、詳しい評価方法は教育書などをご参照ください。ここではClassroom でのルーブリックの設定方法について説明します。

[課題]にルーブリックを設定するには

1 ルーブリックの作成画面を表示する

Lesson27を参考に **[課題]** を作成します。

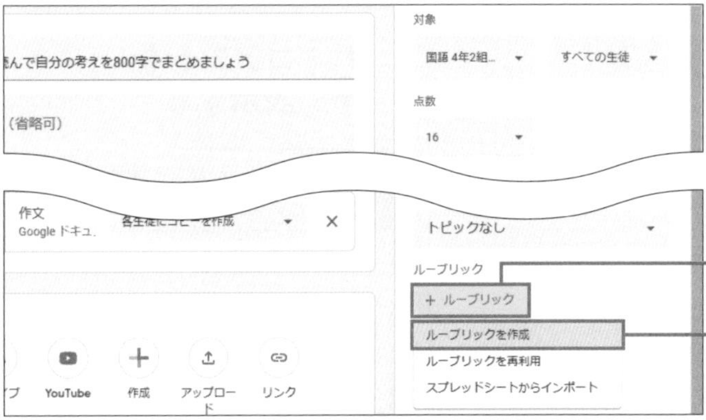

1 **[ルーブリック]** をクリックします。

2 **[ルーブリックを作成]** をクリックします。

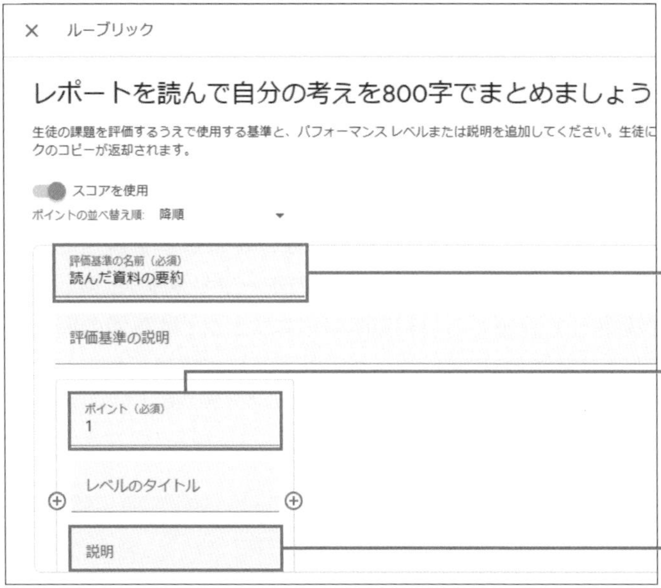

2 ルーブリックを作成する

［ルーブリック］画面が表示されました。

1 ［評価基準の名前］を入力します。

2 ［ポイント］に点数を入力します。

他のレベルを追加してからでもかまいません。

3 ［説明］に評価基準を入力します（省略可）。

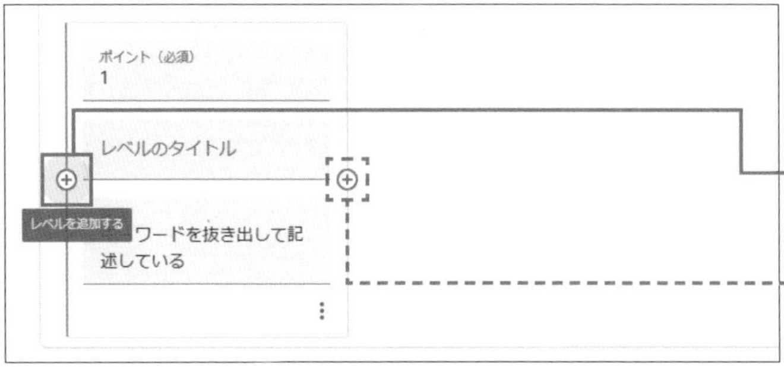

3 レベルを追加する

1 ［レベルを追加する］をクリックします。

ここをクリックすると右側にレベルを追加します。

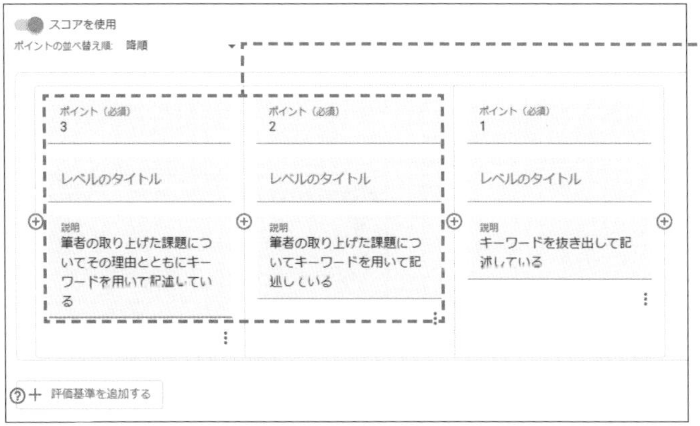

追加したレベルに［ポイント］［レベルのタイトル］［説明］などを入力します。

ポイントが高い順に左から並びます。

設定し終わったら画面右上の［保存］をクリックします。

Lesson 66

[ルーブリック]

ルーブリックに複数の評価基準を追加しよう

このレッスンのポイント

ルーブリックでは一つの[課題] に対して複数の評価基準を設定できます。学習成果全体の印象を評価する「全体的ルーブリック」と違って、複数の観点を設定して評価する「分析的ルーブリック」は評価の観点と基準がもっとも明確でフィードバックしやすいのが特徴です。

ルーブリックを追加するには

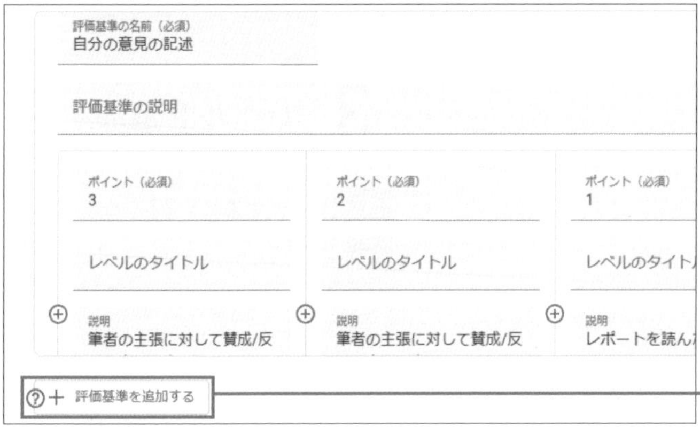

1 評価基準を追加する

Lesson65を参考にルーブリックを設定しておきます。

1 **[評価基準を追加する]** をクリックします。

[評価基準の名前]を新たに設定して、必要事項を作成します。

POINT

初めに作成したルーブリックとは別の評価基準として追加されます。

追加が終わったら **[保存]** をクリックします。

ルーブリックを確認するには

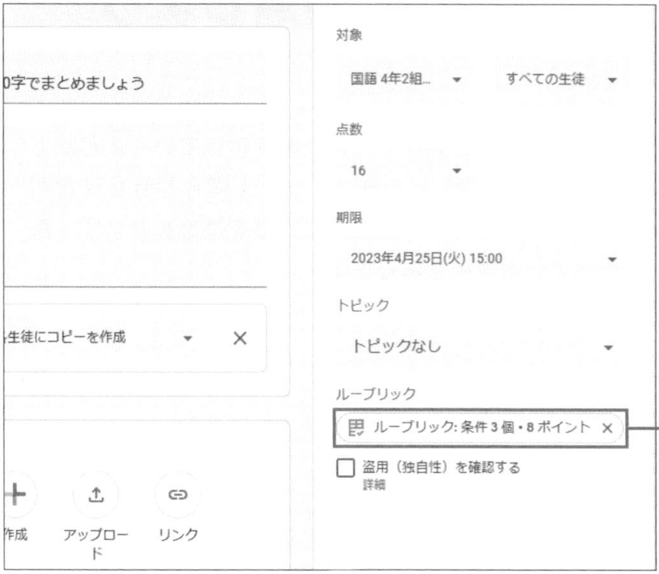

1 ルーブリックを表示する

ルーブリックを設定した［**課題**］を表示しておきます。

1 設定されているルーブリックをクリックします。

ルーブリックの一覧が表示されました。

生徒がクリックした際の画面についてはLesson68で紹介します。

一度作成したルーブリックは再利用することができます。他の先生と積極的に共有してルーブリックをアップデートしていきましょう！

Lesson 67 [ルーブリック]

ルーブリックを使って採点しよう

このレッスンのポイント

ルーブリックを設定すると評価基準ごとに点数を付けていくことができます。生徒が提出した[課題]とルーブリックを照らし合わせながら採点を行うことができ、正確かつ効率的に作業を進められます。観点別評価などで使っている学校もあります。

ルーブリックを参照しながら採点できる

ルーブリックの設定をした[課題]では、採点画面の右側にもルーブリックの設定が反映されます。評価基準と、評価基準ごとの配点が表示されていますが、評価基準の右側のプルダウンメニューを選ぶと、評価基準の説明や、レベルごとの採点基準などを確認できます。ルーブリックを別画面で表示することなく、採点画面で参照しながら点数を入力できます。また、ルーブリックの各項目を選択（もしくは点数を入力）すると、自動で合計点が入力されます。

ルーブリックを追加するには

1 採点用の画面を表示する

Lesson60を参考に**[課題]**の一覧を表示しておきます。

1 採点する生徒をクリックします。

2 生徒が提出したファイルをクリックします。

生徒の提出物一覧の画面からクリックしてファイルを開くこともできます。

2 ルーブリックと照合して採点する

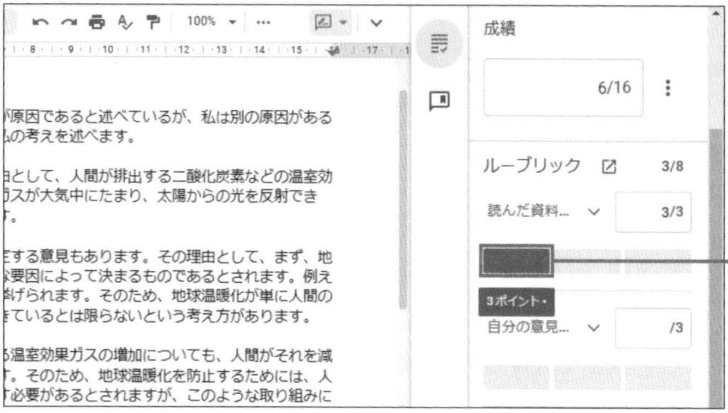
100%
成績
6/16
ルーブリック
3/8
読んだ資料...
3/3
3ポイント・
自分の意見...
/3
が原因であると述べているが、私は別の原因がある
ムの考えを述べます。
由として、人間が排出する二酸化炭素などの温室効
ガスが大気中にたまり、太陽からの光を反射でき
す。
定する意見もあります。その理由として、まず、地
な要因によって決まるものであるとされます。例え
挙げられます。そのため、地球温暖化が単に人間の
きているとは限らないという考え方があります。
る温室効果ガスの増加についても、人間がそれを減
す。そのため、地球温暖化を防止するためには、人
す必要があるとされますが、このような取り組みに

[課題] の内容とルーブリックの一覧が表示されました。

1 評価のレベルをクリックして点数を選びます。

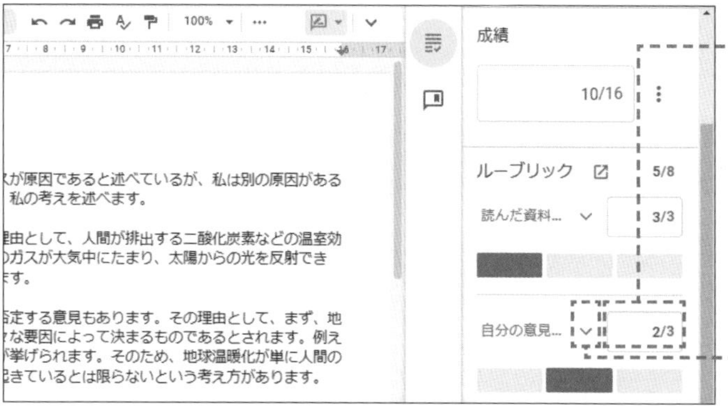
100%
成績
10/16
ルーブリック
5/8
読んだ資料...
3/3
自分の意見...
2/3
スが原因であると述べているが、私は別の原因がある
私の考えを述べます。
理由として、人間が排出する二酸化炭素などの温室効
のガスが大気中にたまり、太陽からの光を反射でき
ます。
否定する意見もあります。その理由として、まず、地
な要因によって決まるものであるとされます。例え
が挙げられます。そのため、地球温暖化が単に人間の
起きているとは限らないという考え方があります。

レベルを選択すると点数が自動で入力されます。点数を直接入力することもできます。

ここをクリックすると評価基準を確認できます。

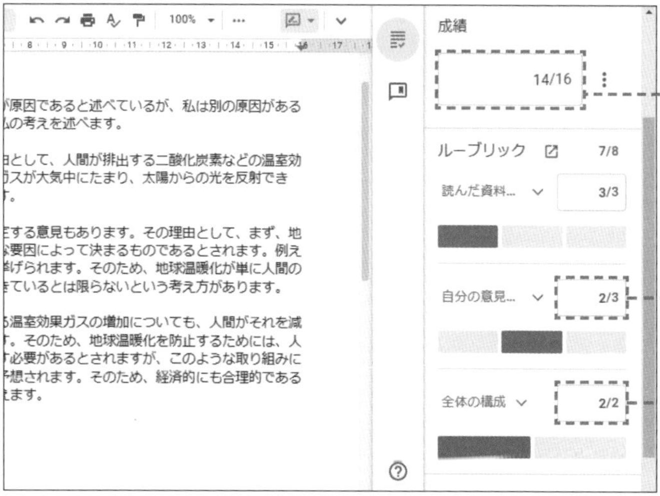
100%
成績
14/16
ルーブリック
7/8
読んだ資料...
3/3
自分の意見...
2/3
全体の構成
2/2
が原因であると述べているが、私は別の原因がある
ムの考えを述べます。
由として、人間が排出する二酸化炭素などの温室効
ガスが大気中にたまり、太陽からの光を反射でき
す。
定する意見もあります。その理由として、まず、地
な要因によって決まるものであるとされます。例え
挙げられます。そのため、地球温暖化が単に人間の
きているとは限らないという考え方があります。
る温室効果ガスの増加についても、人間がそれを減
す。そのため、地球温暖化を防止するためには、人
す必要があるとされますが、このような取り組みに
予想されます。そのため、経済的にも合理的である
ます。

同様の手順で他の評価基準も評価のレベルを選択します。

点数が変更され、合計が自動的に表示されました。

1つの課題に対して複数の基準で点数をつけることができます。プレゼンの評価などでも利用できそうですね！

Lesson 68 [ルーブリック]

ルーブリック評価を生徒の画面で確認しよう

このレッスンのポイント

課題が採点されて返却された後に、生徒は点数とともにルーブリック評価のそれぞれの得点を確認できます。自分の提出した課題に対して、どの評価基準までを満たしていたのかを明確に把握して、学習に役立てることができます。

回答前にルーブリックを確認するには

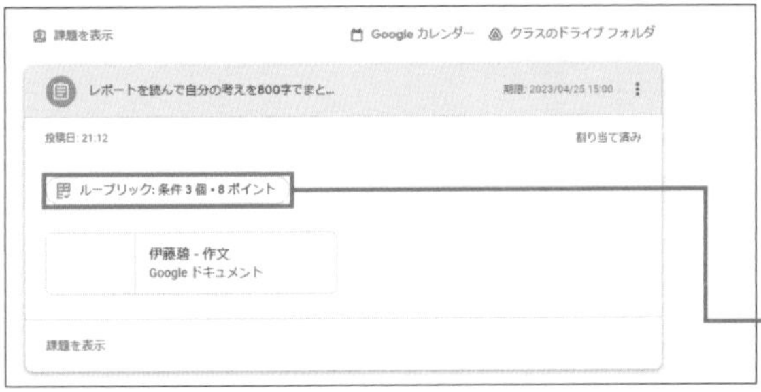

1 ルーブリックを表示する

Lesson32を参考に **[授業]** ページからルーブリックが設定されている課題を開きます。

1 設定されたルーブリックをクリックします。

ルーブリックの一覧が表示されます。

生徒は課題に取り組む前に評価基準を確認することができ、その評価基準を満たそうと努力します

返却された[課題]の採点を確認するには

1 採点結果を確認する

Lesson32を参考に返却された課題の**[課題を表示]**をクリックします。

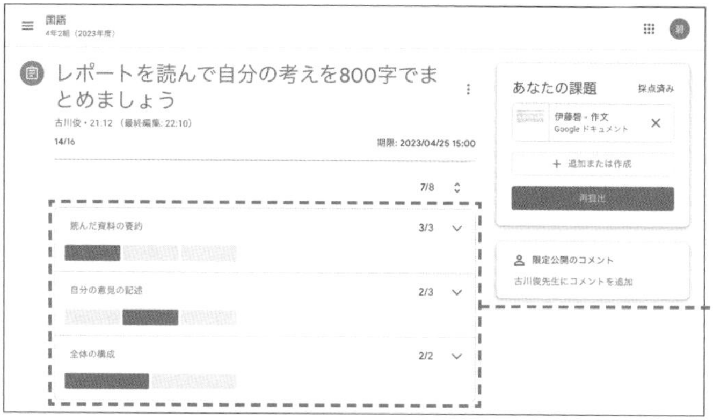

それぞれの評価基準での得点が表示されます。

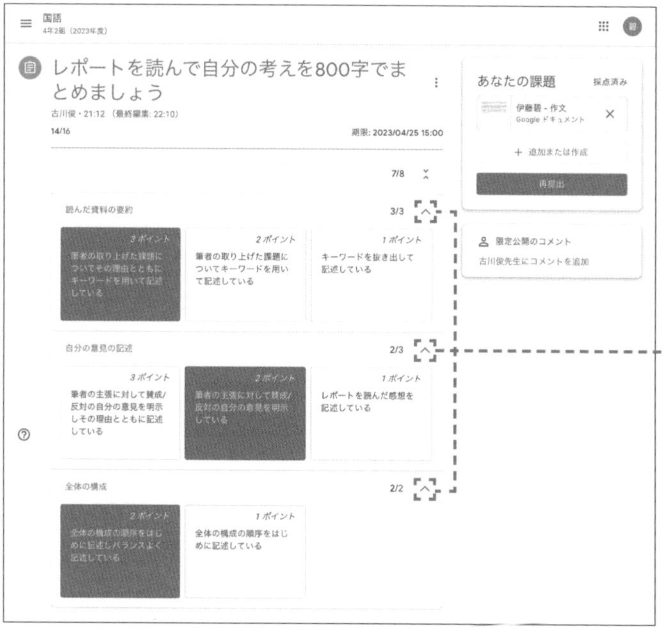

ここをクリックすると、それぞれのルーブリックの詳細が非表示になります。

[課題]がどのように採点されたかを生徒が確認できます。

採点基準を明確にすることで、教師の採点作業の効率化と、生徒の学びの質を向上させることができます。他の先生と共有してより良いルーブリックを作成していきましょう

Lesson 69

[採点ページ]

[採点] で [課題] の提出状況を確認しよう

このレッスンのポイント

[採点] のページでは、割り当てた[課題] の一覧を確認することができます。誰が未提出なのか、どのくらいできているのかを一覧で確認できるだけでなく、点数を入力して返却を行うこともできます。このページは教師のみに表示されます。

[課題]を一斉に返却できる

課題を一つずつ開いて誰が提出しているかどの程度できていたかを確認するのは少し面倒です。この採点ページを開けば、最新の状態がすぐに表示されます。このページでは確認するだけでなく、点数を下書きして返却したり、「すべて返却」を選択して一斉に返却を行うことができます。それぞれの課題を開いて一括で返却もできますが (Lesson61)、この採点ページでは一つずつの課題を開くことなく一斉に返却を行うことができます。下書きで点数を入力しておいて、同じタイミングですべての課題を返却したいという場合にはここから返却すると良いでしょう。

[課題]を一括して返却するには

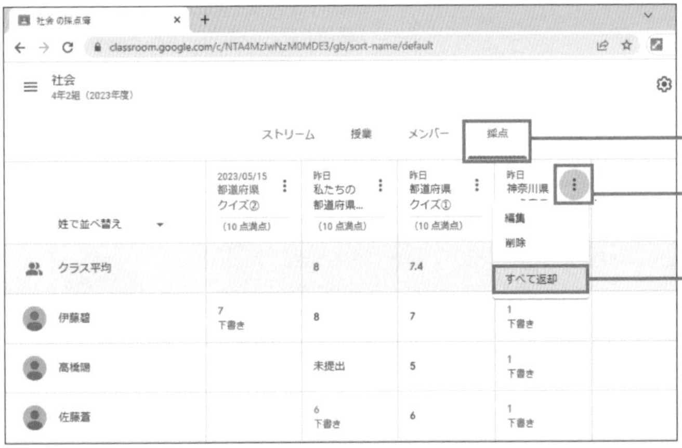

1 [採点]ページを表示する

1 **[採点]** をクリックします。

2 ここをクリックします。

3 **[すべて返却]** をクリックします。

提出された **[課題]** を一斉に返却できます。

各生徒の得点率を表示する

クラスの設定では［成績の計算］を［総合成績なし］［合計点］［カテゴリ別荷重］から選択できます。初期設定では［総合成績なし］になっていますが、［合計点］を選択すると生徒の名前の横に返却した［課題］の得点率が表示されます。

また、［カテゴリ別荷重］を選択し、［成績のカテゴリを追加］で生徒ごとの［課題］の加重率を変更し、同じ点数でも得点率を変更することもできます。

得点率を表示するには

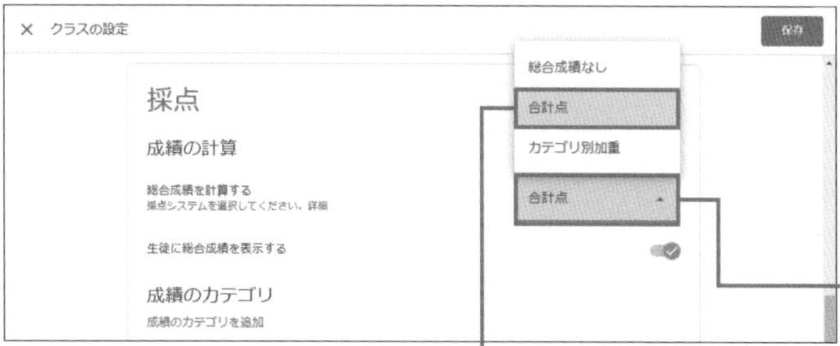

1 ［合計点］を表示する

Lesson21を参考に**［クラスの設定］**を表示しておきます。

1 ここをクリックします。

2 **［合計点］**をクリックします。

▶ 教師画面

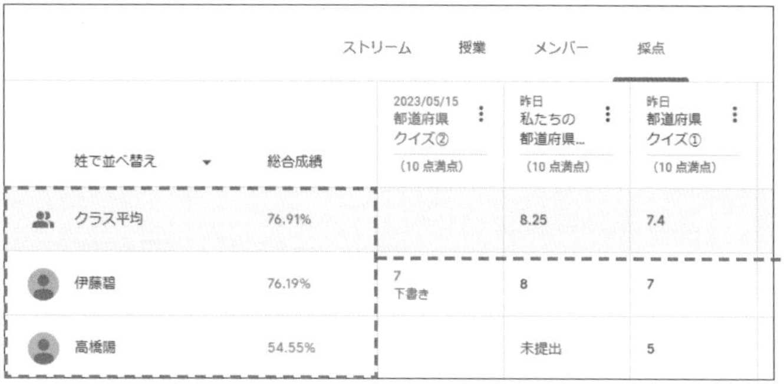

教師の**［採点］**画面ではクラス平均、生徒ごとの得点率が表示されます。

▶ 生徒画面

生徒の**［課題］**画面では返却された**［課題］**について、自分の得点率が表示されます。

Lesson 70 [成績の出力]

スプレッドシートで成績を管理しよう

このレッスンのポイント

成績処理を行う上では、GoogleスプレッドシートやMicrosoft Excelを利用すると関数などを使って作業が可能です。Classroomで課題の管理を行い、学期末の成績を付ける際にはスプレッドシートなどを活用して使い分けることで、効率良く成績処理を行うことができます。

表計算ソフトで成績表を作る

Classroom の成績は、Google スプレッドシートにコピーするか、CSV（カンマ区切り）形式のファイルでダウンロードできます。担当しているクラスで、どの［課題］でもよいので試しにGoogleスプレッドシートにコピーしてみましょう。Excelを使用する場合は一度スプレッドシートにコピーしてから、すべて選択してExcelの新しいシートにコピーするとよいでしょう。

成績をコピーする

1 成績を一括してダウンロードする

Lesson60を参考に［**生徒の提出物**］を表示しておきます。

1 ここをクリックします。

2 ［**すべての成績をGoogleスプレッドシートにコピー**］をクリックします。

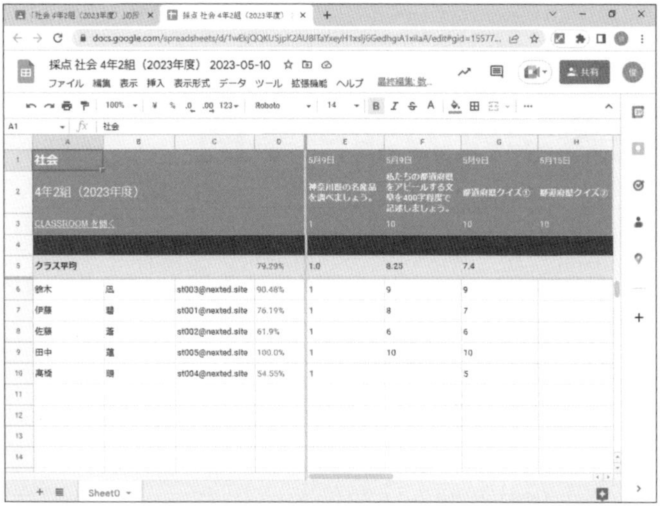

2 スプレッドシートを確認する

新しいタブでスプレッドシートが開き、成績がコピーされました。

変更内容は自動保存され、Googleドライブにスプレッドシートが保存されています。

スプレッドシートにコピーするときのポイント

スプレッドシートには、クラス内で作成している［課題］［テスト付きの課題］［質問］のデータがコピーされます。これらは採点をしない場合でも、すべて表示されます。また、［資料］は点数を設定できないため、スプレッドシートには表示されません。また、「未提出」や「返却済み」などの状況と、限定コメントは表示されません。

さらに、下書きの点数はコピーされず、［課題］が「返却済み」の場合の点数がコピーされます。点数を変更した場合も自動的には反映されないので、その都度スプレッドシートを作成する必要があります。なお、成績処理を行う学期ごとにクラスを作成すると必要な情報だけコピーできます。

ワンポイント Excelで作業をするには

Excelで作業をしたい場合は、スプレッドシートにコピーしてから、さらにそれをExcelにコピーすると手軽に作業ができます。

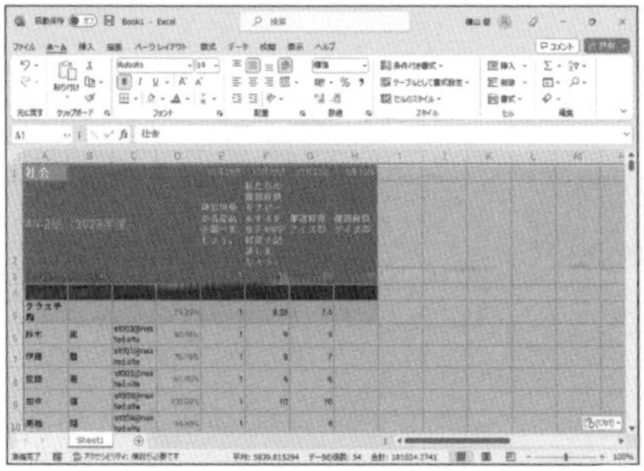

手順2でスプレッドシートにコピーしてから、全選択してコピーする

Excelの新規ファイルを開いてペーストする

Lesson 71

[活用事例]

Classroomの機能で評価を透明に！札幌新陽高等学校の活用事例

このレッスンのポイント

札幌新陽高等学校尻江重幸先生のClassroom活用事例を紹介します。尻江先生はGoogle認定トレーナー/コーチの資格をお持ちで、Classroomでルーブリックを活用されています。観点別評価などで活用が期待されるルーブリックの機能をぜひ試してみてください。

寄稿：尻江重幸

課題と共にルーブリックを提示

生徒に［課題］を提出させる際には、必ずルーブリック機能を利用しています。これまでは、評価について生徒から「どこからがAですか？」「これは書いた方がいいですか？」という質問が数多く出てきました。また、教師が意図した内容ではない課題を提出してしまう生徒もいました。ルーブリックの機能を活用することで、［課題］を受け取った際に生徒は採点基準を確認でき、上記のような質問が減少するとともに、提出物のクオリティも上がっていきました。

ルーブリックを設定する場合は、評価基準をなるべく細かく記載するのがポイントです。Classroomの画面が見づらい場合は、Googleスプレッドシートで作成し、一覧で確認してからClassroomにインポートすることもできます。採点についても、教師が点数を打ち込む作業がクリック1つで行えます。小さな差かもしれませんが、これが大きな時間短縮につながるので、皆さんもぜひ活用してみてください。

【散布図】（担当：せいが）
散布図とは、縦軸、横軸に2項目の量や大きさ等を対応させ、データをプロットしたもの。分布図ともいう。
100
0
100
散布図とは、2つの関係性をパッと見ただけ把握することが出来るグラフです。
2つのデータがあったときに、その2つのデータの関係性を可視化して、関係性を把握し、示唆を得るために用いられる。
散布図は、個々の要素に関して、2つの特性について観察して得たn組の変量を(x1, y1), (x2, y2), ..., (xn, yn) と表したとき、(xi, yi) を座標とする点をxy平面上に表したものと言い表せます。
また、散布図でわかることは、2つの量の間に関係があるかということだけであ
219結城美夕 - 05グ...
成績
10/10
ルーブリック
20/20
思考判断表現
10/10
A
10ポイント
全ての項目の内容を充分に満たしている
B
7ポイント
全ての項目をの内容を満たしているが、不十分な部分が散見される。
C
3ポイント
埋まっていない項目があ流。
もしくはそれに準ずる状態で

［課題］にはすべてルーブリックを設定している

詳細に設定することで生徒からの質問が減り、提出物のクオリティも上がる

レポートのソースを確認する

ICT教育が進んでいる中、レポート作成などの際にWebで得た情報をそのままコピー&ペーストしてしまうことが問題になっています。教師が1つ1つ内容を確認するのは、時間がいくらあっても足りません。そこで活躍するのが［課題］の［盗用（独自性）を確認する］機能です。私は探究活動の授業（生徒に日常で疑問に思ったことを半年かけて研究させる課題）で、レポートを提出させる際にこの機能を使いました。

引用の記載方法は生徒に事前に伝えていますが、最初は上手くできないことが現実です。引用は「研究倫理に反する」（盗用）という目線ではなく、「研究倫理に即した形にできる」手段として利用すると良いかと思います。生徒の成長を促すための機能として授業展開できると良いですね。

［盗用（独自性）を確認する］機能を使うと、Webから引用された内容を自動的に判別できる

成績処理は省エネで

Classroomで［課題］の採点やフィードバックを行っているのであれば、成績をスプレッドシートにインポートする方法が最も効率的です。私は授業を欠席した生徒の［課題］も算出しているので、成績に反映する際に数値をコピーして独自のシートに転記しています。この際に、生徒の名前の順番を一致させておけば、正確に素早く転記できます。生徒のアカウントを作成する際に、名前の前に学籍番号や出席番号などの数字を入れておくと、並べ替えやチェックがスムーズにできます。事務的な処理は簡略化して、子どもとの関わりの時間を最大限に増やしましょう！

COLUMN

COLUMN　[課題]の状況を確認しよう

メインメニューから「チェックが必要な課題」を選択すると、生徒に割り当てた課題や問いの一覧が表示されます。チェックが終わったら[チェック済みとしてマーク]を選択することでタスクリストとして活用できます。
生徒の画面では[ToDo]をクリックすると、提出するべき課題の一覧を確認できます。

▶教師の画面

Lesson59を参考に[チェックが必要な課題]を表示しておく

ここをクリックして[チェック済みとしてマーク]を選択

[チェックが必要な課題]から[チェック済み]に移動される

▶生徒の画面

[ToDo]をクリック

教師として所属しているクラスがある場合は、[チェックが必要な課題]も表示される

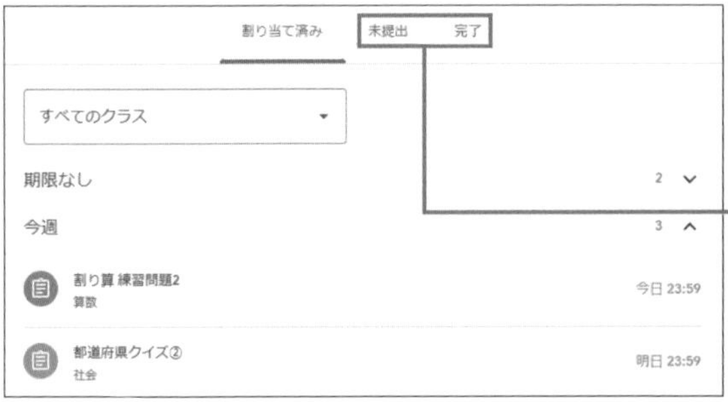

[課題]の一覧が表示される

未提出のものは[未提出]、提出したものは[完了]をクリックするとまとめて表示できる

Chapter

9

課外活動や職員研修に役立てよう

教師の情報共有を行う場として、生徒の自主的な学びを促進する場として、授業以外にもClassroomを活用できます。

Lesson 72 ［職員共有］

職員の連絡や研修に使おう

このレッスンのポイント

Classroomは職員の連絡用としても活用できます。職員朝会や職員会議の時間を大幅に短縮し、生徒との時間にあてることができます。職員研修にも活用でき、必要な情報を整理してすぐにアクセス可能な状態にできます。

職員朝会や職員会議の時間を短縮

「職員朝会」というクラスを作成し、連絡事項はそこに集約することで対面などで行っていた朝会の時間を大幅に削減できます。その分を学年での打ち合わせや、クラスで生徒対応をする時間に活用しましょう。

また、「職員会議」もクラスを作成し、会議資料を投稿しておくことで、資料の集約や共有が可能になります。必要な資料をすぐに参照でき、また、会議の前にコメントや質問をしておいてもらうことで、より効率よく会議を進められます。

「職員会議」というクラスを作成して、資料やレジュメを共有する

会議の議事録をGoogleドキュメントに記入して残しておくこともできます

職員研修に活用して業務効率化

学校内の研修用にクラスを作成すると、研修内容や活用方法を共有することができ、また、いつでもその資料にアクセスして確認ができます。ICT活用に関わらず、良い指導方法や実践事例を共有する場として活かしましょう。ぜひ多くの先生が発信者となって、Classroomを活用できるような風土を作っていきましょう。

なお、他校の教師とも積極的に情報交換をしたい方も多いと思いますが、Classroomの設定により、ドメイン（@以降の文字列）が異なるアカウントは、クラスへの参加が制限されていることが多いため注意しましょう。他校のドメインから参加する場合は、クラスのメンバーについての設定や、参加可能なドメインを登録する必要があるので、Classroomの管理者に一度相談してみましょう。

▶「職員研修」というクラスを作る

校内の職員研修用のクラスを作り、資料などを集約する

▶ 他校の教師に参加してもらうには

他校のドメインからクラスに参加してもらうには、管理者がそのドメインを許可リストに登録する必要がある

Lesson 73 ［生徒のクラス作成］

生徒にクラスを任せてみよう

このレッスンのポイント

生徒の［ストリーム］への投稿を許可したり、クラスを作成できるようにして、生徒が主体的に活躍できる場を作っていきましょう。教師と生徒で事前にルールメイキングを行い、随時見直しとアップデートする機会を作ることが大切です。

生徒にクラスの権限を委任しよう

Lesson21では「ストリームに投稿・コメントできる権限の変更」について紹介しました。投稿のルールを確認しながら［生徒にコメントのみを許可］［生徒に投稿とコメントを許可］へと権限を付与していきましょう。生徒の投稿などを禁止するのではなく、どのように活用するのが良いのかを生徒とともに考えていきましょう。

Classroomの「ストリーム」に投稿することで、生徒は教師がすぐに指導できる範囲で、LINEやInstagramなどのSNSの予行練習を行うことができます。失敗もあるかもしれませんが、良い学びの機会となります。その都度、クラスでのルールを見直してアップデートしていきましょう。

また、特定の生徒を副担任としてクラスに参加させることで、クラスの担任とほぼ同じ権限を与えることができます（Lesson13参照）。［課題］の作成や他の生徒の招待、クラスの設定変更も含めて幅広い権限を与えられます。生徒会や実行委員、部活動のリーダーに権限を与えて、そのクラスの運営を任せることができます。この場合も運用ルールをしっかりと考えさせて、教師が必要に応じてサポートしていきましょう。

生徒に委員会や部活動のクラスの［副担任］として参加させ、運営を任せる

生徒にクラスを作成させよう

生徒にもクラスを作成する権限を与えることができます。この設定はLesson6でも紹介しましたが、組織の管理者が管理コンソールで設定します。クラスを作る際のルールについても、生徒と一緒に考えていきましょう。生徒だけでクラスを作成し、教師のいないところでコミュニケーションを取ることに抵抗があるかもしれませんが、スマートフォンを持っていれば、SNSで簡単にグループを作成できてしまうご時世です。管理者によって管理されているアカウントで、Classroomのクラスを作成する権限を与えることはむしろ安全であり、正しく活用することでより良い学びを促進させ、デジタルシティズンシップを学ぶ良い機会になるでしょう。

▶ 管理者コンソールで権限を変更する

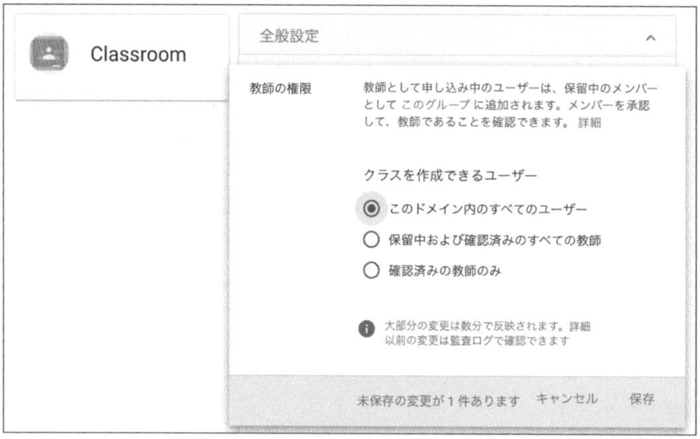

管理者コンソールで、教師以外にクラス作成の権限を割り当てられる

▶ 生徒もクラスを作成できるようになる

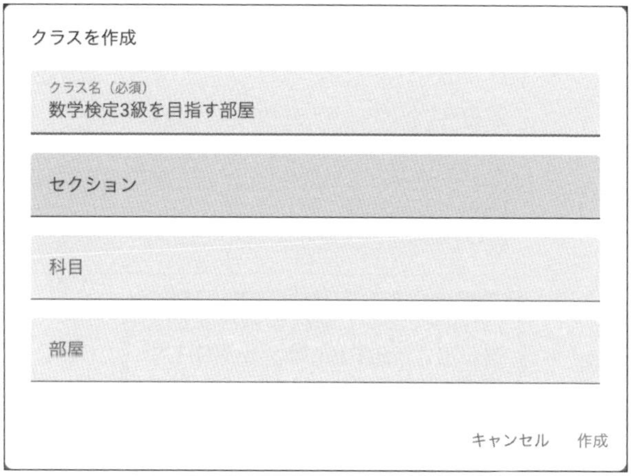

生徒にクラスを作成させ、安全な環境で試験運用させることができる

Lesson 74 ［活用事例］海外修学旅行の準備やサポートに活用する

このレッスンのポイント

東奥義塾高等学校井上嘉名芽先生のClassroom活用事例を紹介します。井上先生はGoogle認定イノベーター/トレーナー/コーチの資格をお持ちで、Classroomを修学旅行などの行事にも活用しています。授業だけでなく行事や部活などでも積極的に活用していきましょう。

寄稿：井上嘉名芽

Google Classroom で事前準備

本校では修学旅行は選択式で、候補の1つとして海外のニュージーランド16泊17日を選ぶことができます。海外の慣れない土地でのホームステイ生活に備えてのICT活用を中心にお伝えいたします。まずは事前に以下の4つを実施しました。

①ホームステイ申込書をGoogleドキュメントで作る

ホームステイ先と生徒をマッチングさせるため、生徒自身にプロフィールを作成させ、担当の英語教諭が添削します。Googleドキュメントで行うことで、非常に効率が良かったです。

②現地で披露する歌を選ぶ

訪問先のベツレヘムカレッジでは、マオリの風習に従って出迎えていただくため、こちらは返礼の歌を用意します。歌の候補をClassroomの［質問］で生徒に投票してもらい、決定しました。

③披露する歌をYouTubeで学ぶ

披露する歌が決まったらYouTubeで楽曲を探し、ClassroomでURLを共有します。それぞれの生徒が歌を覚えたら［完了としてマーク］をクリックしてもらいました。これで全体の進捗を確認し、覚えられない生徒のサポートが容易にできました。

④Google Meetを相談窓口にする

生徒が現地で困ったときに相談事を聞けるように、Google Meetをアップグレードしてブレイクアウトセッションが行えるようにしました。

［質問］を使って返礼の歌を生徒に選ばせ、YouTube動画を共有して習得できるようにした

Googleサイトも活用しよう

保護者との情報共有には、Classroomだけではなく Googleサイトも利用しました。Classroomではニュージーランドに行く生徒とクローズでクラスを作成し、Googleサイトではもう1つの選択コースである沖縄コースと情報を共有しました。これにより、生徒同士がお互いの状況を把握し、コミュニケーションが取れるようになりました。

また、保護者向けにもGoogleサイトを運用し、旅行業者からもらった資料などをGoogleドライブで共有しました。保護者向けのGoogleサイトは、リンクを知っている人だけが閲覧できるようにしました。また、資料はインターネット検索で表示されないように設定しました。ほかにも、保護者からの質問とそれに対する回答は内容によっては全体に共有し、Googleドキュメントでまとめて閲覧できるようにしました。

保護者向けのGoogleサイトを作成し、Googleドライブにアップした資料などを共有した

生徒のポートフォリオを作成

海外に2週間滞在する生徒は、毎日のできごとをポートフォリオにまとめられるようにしました。Googleサイトは生徒のiPadでは更新できなかったため、Adobe Express（小中高の教育機関は無料で使用可）で作成させました。Googleサイトには生徒用のポートフォリオへのリンクを埋め込んでおき、旅行中の生徒がお互いの様子を確認できるようにもしました。

また、教員も生徒が受けている授業やアクティビティの様子をリアルタイムで更新し、日本にいる保護者に安心してもらえるように努めました。これらの実践は国内の修学旅行の場合も活用できると思いますので、ご参考になれば幸いです。

20220929 いつもの3つのグループに分かれてお店での買い物の仕方についてニュージーランドと日本の違いも含めて確認しているようです。20220929 We seem to be divided into our usual three groups to check how to shop in stores, including the differences between New Zealand and Japan.

教員のポートフォリオをリアルタイムで更新し、国内の保護者向けに発信して生徒たちの様子を伝えた

COLUMN

授業準備のクラスを作ろう

Lesson33では［投稿を再利用］について説明しましたが、［副担任］として所属していれば他の教師が作成した課題でも再利用して自分のクラスに投稿できます。これを活用して授業準備用のクラスを作成し、運用している学校もあります。方法としては、まず学年で各教科の授業準備用のクラスを作り、学年ごとに全教員を副担任として招待しておきます（生徒は0人です）。［課題］や［質問］、［資料］をこのクラスで作成しておくことで、どの教員も自分のクラスで投稿を再利用できます。
従来は同じ単元の授業準備を教員ごとに行っていましたが、この方法で［課題］や［資料］などを共有できるため、授業準備を分担し、教材研究を深める時間を確保できます。さらに、準備内容について他の教員からフィードバックを受けることもでき、より充実した授業準備を実現できます。

授業準備用のクラスを作成して、教員のみ参加する

単元の授業準備を分担して行い、それぞれのクラスで投稿を再利用して使う

Chapter

10

アドオンで学習環境を高めよう

Chromeにアドオンを追加することで、生徒はより効果的に学習を進めることができ、教師は効率よく仕事を進められます。

Lesson 75

[アドオン(拡張機能)]

アドオン（拡張機能）をChromeに追加しよう

このレッスンのポイント

アドオンとはソフトウェアへ新たな機能を追加するためのプログラムのことで、Chromeウェブストアに数千個以上アップされています。その中でもClassroom内で利用できるようになった18種類のアドオンを紹介します。ぜひ試してみましょう。

Classroomのアドオンを確認しよう

Classroomのアドオンは18のパートナーから提供されています。クイズ大会を開くことができる「Kahoot!」、世界の芸術と文化を鑑賞できる「Google Arts & Culture」、Googleスライドでインタラクティブな授業を可能にする「Pear Deck」などです。これらのアドオンを利用し、生徒の多様な学びを促進しましょう。

Classroomのアドオンは、［課題］や［資料］などに添付できますが、使用するためには、「Google Workspace for Education Plus」または「Teaching and Learning Upgrade」を使用している必要があり、管理者は学校または学区用のアドオンを、プリインストールするか許可リストに登録しておく必要があります。これらのエディションを使用していない場合には、Chromeのアドオンで追加してClassroomに添付して共有し、活用していきましょう。

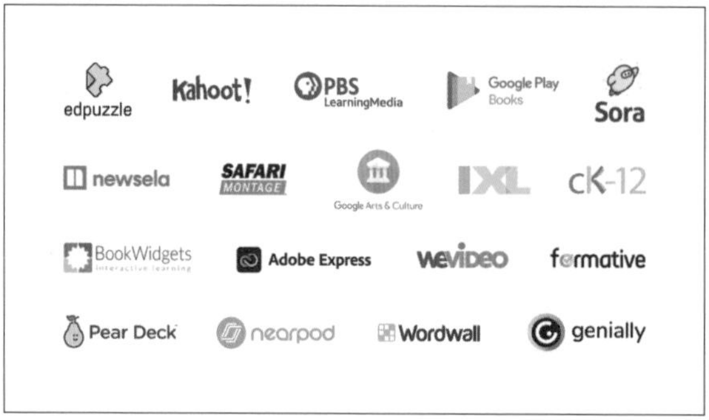

Classroomのアドオンは上記の18のパートナーから提供されている

Classroomのエディションによっては、Classroom上でアドオンを直接利用できる

Chromeにアドオンを追加するには

Chromeウェブストアからアドオンを追加してみましょう。Chromeウェブストアでアドオンを検索し、インストールすることで使用できます。ここでは動画での学習コンテンツを作成できるEdpuzzleをChromeに追加する方法を紹介します。なお、このアドオンは「Google Workspace for Education Plus」などのエディションでなくても使用できますが、学校によってはChromeのアドオンを使えない設定にしている場合があります。追加できない場合はアカウントの管理者と相談しましょう。

アドオンを検索して追加する

1 アドオンを検索する

Chromeで**[Chromeウェブストア]**を表示しておきます。

▶ **Chromeウェブストア**
https://chrome.google.com/webstore/category/extensions

1 「edpuzzle」と入力します。

検索結果が表示されました。

2 アイコンをクリックします。

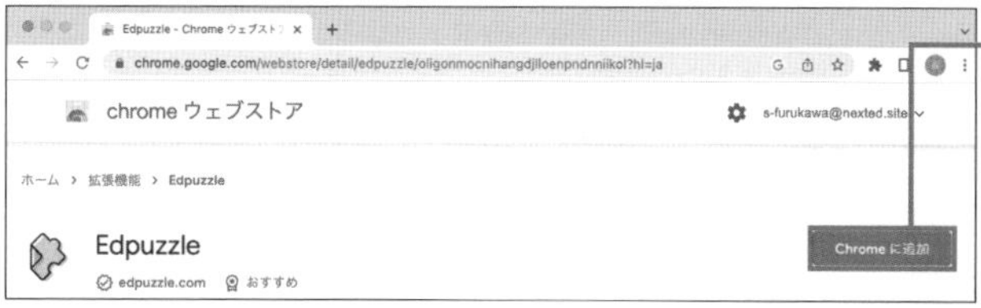

3 **[Chromeに追加]**をクリックします。

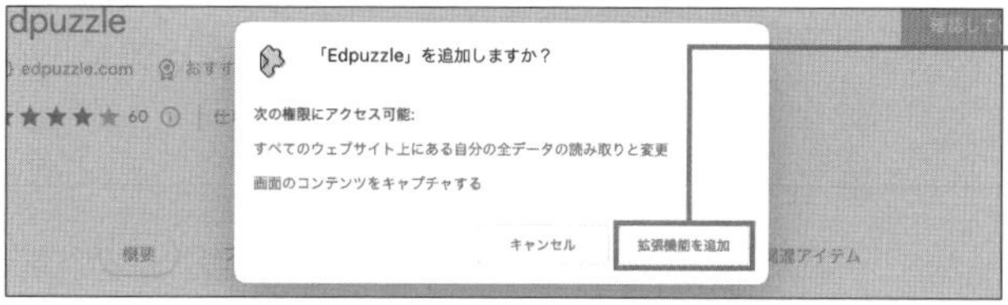

4 **[拡張機能を追加]**をクリックします。

クリック後に別ウィンドウでログイン画面が表示されます。必要事項を記入してEdpuzzleのアカウントを作成しましょう。

Lesson 76

[Edpuzzle]

EdpuzzleでYouTube動画に問題を挿入しよう

このレッスンのポイント

Edpuzzleを Chromeに追加すると、YouTubeを視聴した際に「Edit with edpuzzle」が表示されるようになります。授業で使いたい動画はここからカットして必要な部分だけ視聴させたり、内容が理解できているか確認問題を出題したりできます。

動画に問題を挿入する

1 動画を切り出す

問題に使いたい動画をYouTubeで表示しておきます。

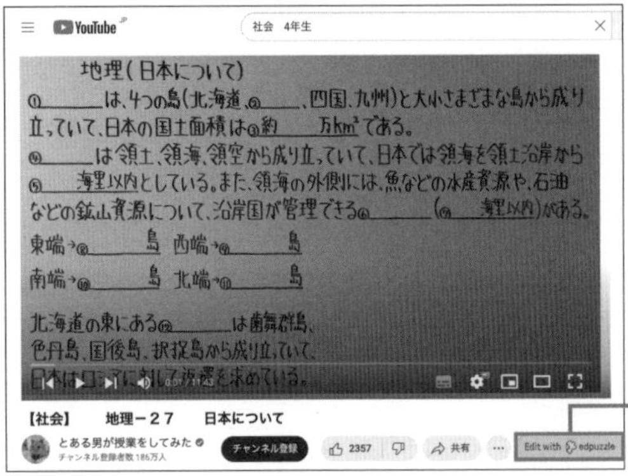

1 [Edit with edpuzzle] をクリックします。

初回起動時は学校名や科目を入力する画面が表示されるので、必要事項を入力します。

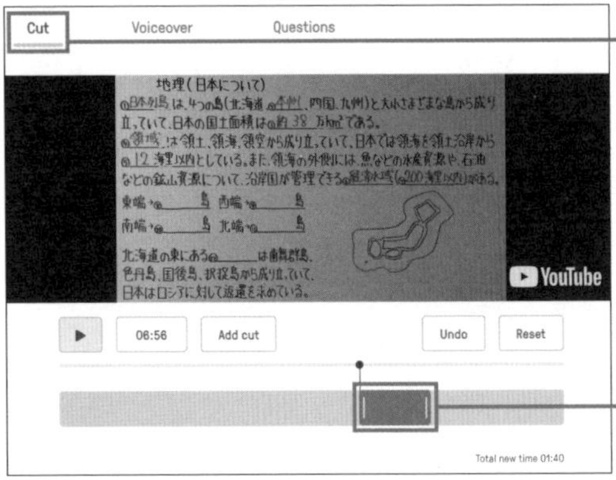

2 [Cut] をクリックします。

3 ここをドラッグして使用したい部分を抽出します。

2 問題を作成する

1 **[Questions]** をクリックします。

2 **[Multiple-choice question]** をクリックします。

選択式の問題が作成できます。

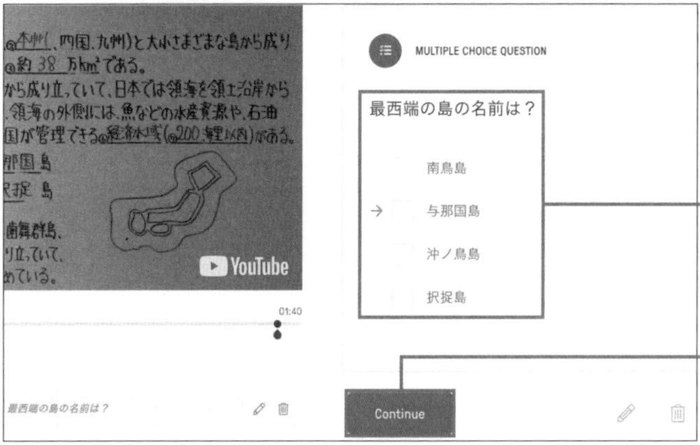

3 問題と回答を作成します。

正答には「→」が付きます。

4 **[Continue]** をクリックします。

3 クラスに割り当てる

1 **[Assign]** をクリックします。

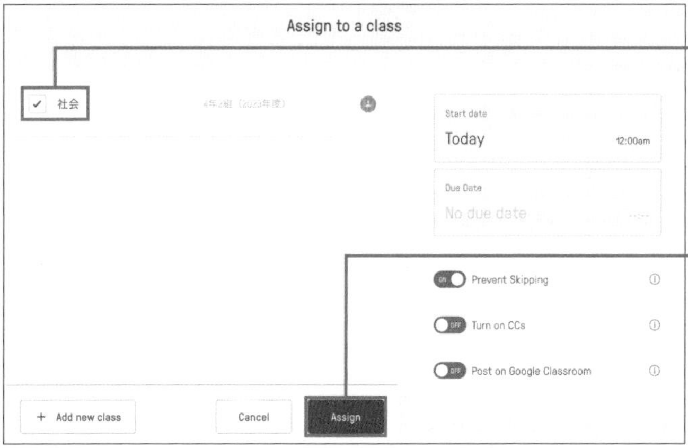

2 割り当てたいクラスをクリックしてチェックマークを付けます。

3 **[Assign]** をクリックします。

左下の **[+Add new class]** をクリックすると新しいクラスに割り当てできます。

Lesson 77

[Edpuzzle]

動画付き問題を活用しよう

このレッスンのポイント

Edpuzzleの有用な点は、動画に問題を挿入するだけではありません。教師は生徒が動画を視聴しているか、問題に何問正解しているかなどを確認できます。生徒画面と教師の管理画面をそれぞれ確認して、ぜひ有効活用してください。

Classroomに問題を投稿する

1 問題を割り当てる

1 クラス名をクリックします。

2 問題をクリックします。

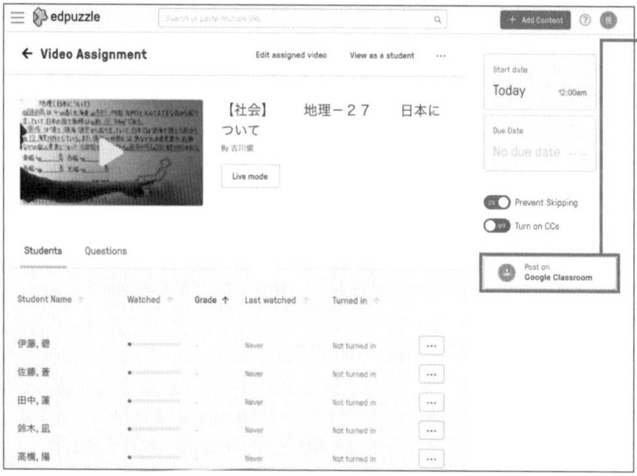

3 [Post on Google Classroom] をクリックします。

Lesson76から続けて操作しましょう!

生徒用の画面を確認する

1 [課題]を表示する

Lesson34を参考にEdpuzzleの**[課題]**を表示しておきます。

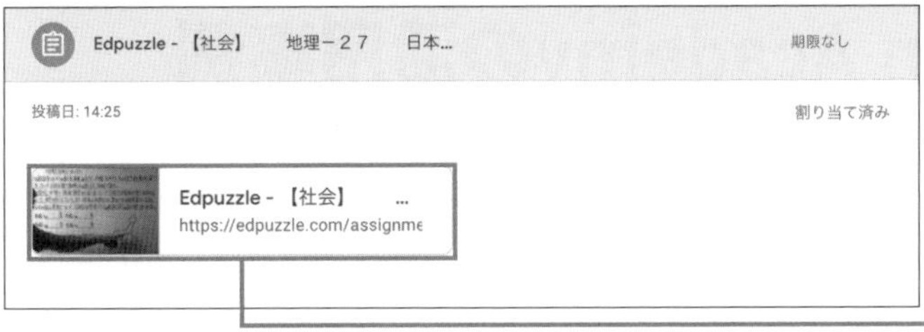

1 ここをクリックします。

新しいタブでEdpuzzleのページが開かれます。

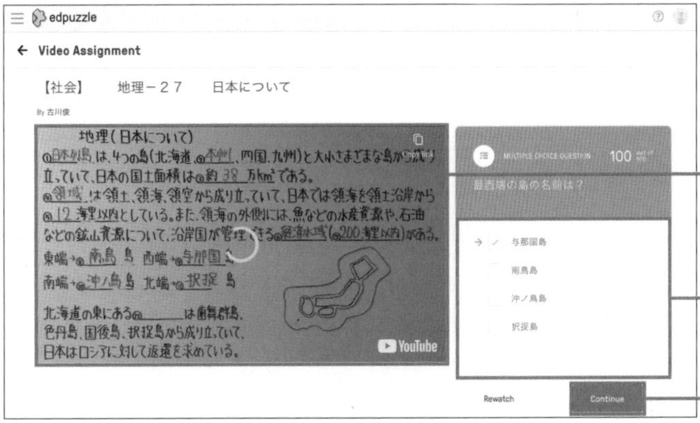

2 クリックして動画を再生します。

3 クリックして回答します。

4 **[Continue]**をクリックします。

ワンポイント 回答などの状態を確認するには

Classroomに問題を投稿した後は、左ページの操作③で表示した画面に、生徒の状態が表示されます。生徒ごとに「動画の視聴状況」「得点」「最後に動画を再生した日時」などを確認できます。

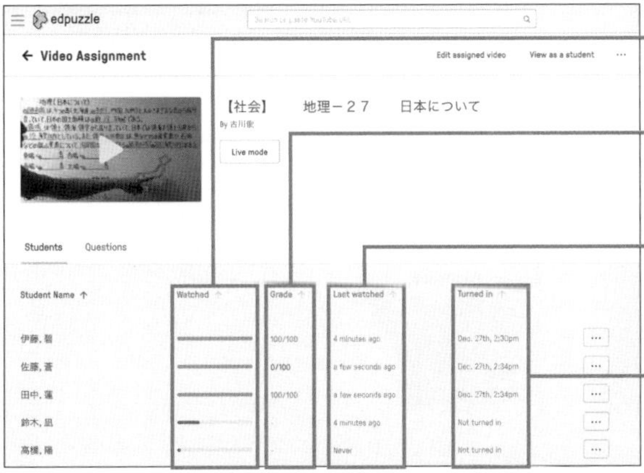

動画の視聴状況

得点

最後に動画を再生した日時

動画の視聴を完了した日時

Lesson 78

[活用事例]

拡張機能で個別最適化 Canadian Academyの活用事例

このレッスンのポイント

Canadian Academy茂田可愛先生のClassroom活用事例を紹介します。茂田先生はGoogle認定イノベーター/トレーナー/コーチの資格をお持ちで、様々な拡張機能をいち早く試し、効果的に学校に導入されています。

寄稿：茂田可愛

→ 生徒との対話に時間をあてる

動画コンテンツは手間がかかると思われがちですが、Edpuzzleを使うと動画の編集と、[課題] の確認にかかる時間を短縮でき、また、いくつもアプリを使う必要がなくなります。さらに、生徒もClassroomを開くだけでEdpuzzleを利用できるので、[課題] のリンクを開いてどのタブかわからなくなったり、必要なページを間違えて閉じてしまったりするといったミスがなくなり、集中して取り組むことができます。私は4年生の音楽の授業で活用しています。生徒はそれぞれの端末で [課題] の動画を再生して、聞こえてくる楽器が何かを選択肢から選んでいます。選択問題の場合はその場で正誤を表示できるので、生徒は回答後に動画を見直して確認することもできます。教員は選択肢に画像を付けたり、授業スライドへのリンクやメモをヒントとして追加したりもできます。さらに、生徒ごとにレベルを合わせた [課題] も配信しておけるので、授業中は個々の生徒との対話に時間をかけられます。

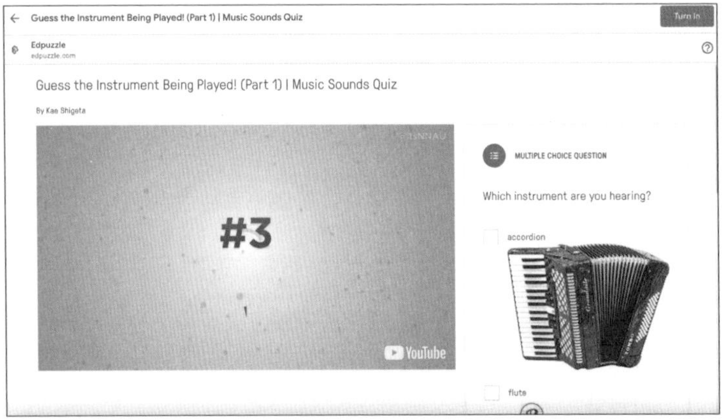

アドオンで出題することで、生徒は問題に集中して取り組むことができる

手書き・録音・録画を一括してできる

小学校では手書きが必要という場面が多々あります。もちろん紙と鉛筆でやる作業も大切にしていますが、「Kami」というアドオンを使うと、教員と生徒で同時にPDFに書き込むなどの共同作業が可能になります。私はこのアドオンを外国語の授業で活用しています。発音練習や、スキットのスクリプトを書き上げたら、生徒とペアになってKamiの機能で録画しています。グループで既存のプリントに画像なども埋め込み、その上から注釈を加えたりすることでメディアリッチな活動へと広がっています。それら全てがClassroom 内で行えます。

注釈用アドオンでメディアリッチな授業を展開できる

採点時間を短縮して生徒との対話を増やす

［課題］の学習データは教員のClassroomに同期されます。教員は生徒の作業中も、Classroomを表示してそれぞれの進捗を確認し、つまずいている箇所がないか、どのぐらい時間がかかっているかなどを確認できます。また、Classroomの内容を大きなスクリーンに投影して、実例を生徒と共有することもできます。

Edpuzzleで選択問題を作成すると、自動的に採点されてClassroomに集計結果が表示されます。その問題の平均値も算出してくれます。ほかの［課題］の採点結果も参照し、生徒の学習データを複数の教員で共有し、総合的に評価することができます。そしてタイムリーに生徒にフィードバックできるのが、Classroomとそのアドオンを利用する最大の利点だと考えています。

採点を自動化し、授業中は生徒の動向をチェックしてリアルタイムでフィードバックできる

おわりに

「早く行きたければ一人で進め、遠くまで行きたければみんなで進め」というアフリカの諺があります。自分一人であれば決断も早く、どんどん先へ進むことができますが、大きな目標を達成することは難しいでしょう。大きな目標を達成するには、みんなで意思決定して一緒に進めていく必要があります。

研修の講師をさせていただく際に、「他の先生がICTを使ってくれないのですがどうしたら良いでしょうか」とよくご相談をいただきます。多くの場合は、ICTがいかに先生にとって便利なものかや、生徒の学習にいかに良い影響を与えるかを伝え、小さなスモールステップから取り組むことで、少しずつ巻き込んでいくことができます。

Lesson01で、「もしあなたの近くに一歩進んだ活用をされている先生がいたらその先生と一緒に学ぶことをお勧めします。……そして、もし周りにためらっている先生がいたら、ぜひ声をかけて一緒に歩み出しましょう。」と書きましたが、一歩踏み出したいけど踏み出せない先生が、周りにきっといるはずです。この本を読み終えたあなたは既に一歩を踏み出すことができています。ぜひ周りの先生も一緒に巻き込んで小さなことから一緒に始めてください。初めは小さな一歩でも仲間と一緒に歩むことで遠くまで進むことができます。

そして、先生自身が常にアップデートしていってください。Google Classroomは常にアップデートされ、より使いやすく、より学習効果を高めるツールとなっていくことでしょう。GEG（Google Educator Group）やFacebookコミュニティの勉強会に積極的に参加することで、自分自身の知識やスキルのアップデートだけでなく、学校外でともに歩んでいける仲間を見つけることができます。

Google認定教育者の資格を目指すのも良いでしょう。私古川が運営しているYouTubeチャンネル（https://www.youtube.com/@suguru_sensei）でもGoogle Classroomについて解説していますので、ぜひご活用ください。

最後に、本書の執筆にお付き合いいただき、「いちばんやさしい教本」となるよう編集してくださったインプレスの荻上さんに感謝を申し上げます。

古川俊

索引

スタッフリスト

カバー・本文デザイン	米倉英弘（細山田デザイン事務所）
カバー・本文イラスト	東海林巨樹
撮影	蔭山一広（panorama house）
DTP	田中麻衣子
校正	トップスタジオ
デザイン制作室	今津幸弘
	鈴木　薫
デスク	荻上　徹
編集長	藤原泰之
寄稿	平間健介（札幌市立定山渓小学校）
	和田誠（愛光中学・高等学校）
	辻史朗（船橋市立飯山満中学校）
	遠藤隆平（岡山市立横井小学校）
	尻江重幸（札幌新陽高等学校）
	井上嘉名芽（東奥義塾高等学校）
	茂田 可愛（Canadian Academy）
	※掲載順

■商品に関する問い合わせ先

このたびは弊社商品をご購入いただきありがとうございます。本書の内容などに関するお問い合わせは、下記のURLまたは二次元バーコードにある問い合わせフォームからお送りください。

https://book.impress.co.jp/info/

上記フォームがご利用いただけない場合のメールでの問い合わせ先
info@impress.co.jp

※お問い合わせの際は、書名、ISBN、お名前、お電話番号、メールアドレス に加えて、「該当するページ」と「具体的なご質問内容」「お使いの動作環境」を必ずご明記ください。なお、本書の範囲を超えるご質問にはお答えできないのでご了承ください。

●電話や FAX でのご質問には対応しておりません。また、封書でのお問い合わせは回答までに日数をいただく場合があります。あらかじめご了承ください。

●インプレスブックスの本書情報ページ　https://book.impress.co.jp/books/1122101063 では、本書のサポート情報や正誤表・訂正情報などを提供しています。あわせてご確認ください。

●本書の奥付に記載されている初版発行日から1年が経過した場合、もしくは本書で紹介している製品やサービスについて提供会社によるサポートが終了した場合はご質問にお答えできない場合があります。

■落丁・乱丁本などの問い合わせ先

FAX　03-6837-5023
service@impress.co.jp
※古書店で購入された商品はお取り替えできません。

いちばんやさしい Google《グーグル》 Classroom《クラスルーム》 の教本《きょうほん》
人《にん》気《き》教師《きょうし》が教《おし》える生徒《せいと》とつながるデジタル学級《がっきゅう》づくり

2023 年 3 月 11 日初版発行

著　者　古川《ふるかわ》 俊《すぐる》

発行人　小川 亨

編集人　高橋隆志

発行所　株式会社インプレス
〒 101-0051　東京都千代田区神田神保町一丁目 105 番地
ホームページ　https://book.impress.co.jp/

印刷所　株式会社リーブルテック

ISBN 978-4-295-01594-9 C3004

Printed in Japan